'바보'와 '이단'은 우주와 인간의 기원에 대해 대립한다. '바보'는 진화론 모델이 과학적으로 해결하지 못한 문제점을 가지고 있다고 판단하고, 성경에 근거한 창조론 과학 모델을 찾아가고자 노력한다. 진화론의 주류 과학계에 의해 바보 취급을 받는다. 반면에 '이단'은 진화가 넘치는 과학적 증거로 확정되었다는 주류 과학의 판단을 확신한다. 성경 해석을 과학의 진화론 모델에 일치하도록 수정한다. 진화론 모델에 어긋난 성경 해석은 무지의 오류라 주장하며 이단이라는 낙인을 감수한다. 어느 모델을 추구하는 것이 그리스도의 교회에 합당할까? 난 바보다. 여러분은 어떠한가? 서로 사랑할 수 있을까? '바보'와 '이단'은 서로 존중하며 생각을 나누었다. 자신의 견해를 그대로 가진 채, 죄 아래 사는 인간의 연약함에 대한 동정과 이해가 이들 사이에 시작되었다. 꼭 읽기를 추천한다.

**김병훈** 합동신학대학원대학교 조직신학 교수, 『성경적 창조론이 답이다』 저자

처음에 젊은 지구론자와 진화적 창조론자가 마주하는 책이 나온다고 했을 때, 상당한 호기심도 발동했으나 또 한편으로는 "글쎄, 대화가 될까?" 하는 의구심이 더 컸다. 책을 읽어 가며 나도 모르게 진한 감동에 휩싸였고 끝내 고개를 끄덕이고야 말았다. 그들의 만남 가운데 두 가지 사항이 확연히 노정되었기 때문이다.

첫째, 그들은 성경 해석과 과학관에 있어 도저히 양립이 힘든 인물들이었다. 그들의 입장, 견해, 주장, 방침 등은 사사건건 충돌하고 있었다. 그러나 둘째, 그들은 그리스도의 십자가 아래서 (또 성령의 역사 가운데) 함께 형제 된 것을 확인했고, 그런 극한 차이와 불편함에도 불구하고 상대방을 믿고 인정하고 걱정해 줄 수 있었다. 그들은 함께 기도했고, 함께 울었다.

아! 상상하기 힘든 화해의 첫걸음이 둘 사이에 이런 식으로 일어나다니!! 부러움과 (나는 그렇지 못할 것 같다는) 두려움이 함께 엄습한다. 내게 큰 자극과 숙제를 안긴 책이다.

**송인규** 한국교회탐구센터 소장, 『새로 쓴 기독교, 세계, 관』 저자

바보와 이단의 대화는 어렵다. 젊은 지구론자는 과학을 거부하고, 진화적 창조론자는 성경을 왜곡한다는 편견 때문이다. 이 걸림돌을 넘어 대화를 시작한 두 과학자가 이 책에 등장한다. 그들은 서로가 바보나 이단이 아닌 진실한 그리스도인임을 알게 되지만 그래도 불일치는 여전하다. 더군다나 둘의 공통점이 있다면 서로를 적으로 여긴다는 점이다. 성경을 잘못 가르쳐서 교회에 피해를 준다고 판단하기 때문이다. 이 둘의 대화는 하나의 정답으로 이끌지 않는다. 이 책을 읽는 독자들도 창조에 대해서 이미 굳어 버린 자신의 관점이 바뀌지는 않을 것이다. 그러나 과학과 사회문화적 이슈들에 대해 양극화된 그리스도인들은 여전히 대화해야 한다. 모두가 신앙의 형제이기 때문이다. 그 어려운 대화의 길에 이 책이 하나의 모범 혹은 작은 길잡이가 되어 주길 바란다.

**우종학** 서울대 물리천문학부 교수, 과학과신학의대화 대표, 『무신론 기자, 크리스천 과학자에게 따지다』 저자

『바보와 이단』에서 랍 배럿은 토드 우드와 대럴 포크 간에 지적인 대화가 이루어지도록 신중하게 안내함으로써 유익하고 건설적인 소통을 이끌어 낸다. 나는 배럿과 우드, 포크에게서 많은 것을 배웠고, 다른 독자들 역시 그러리라 확신한다. 그뿐 아니라 우리 시대의 중요한 신학적·윤리적 문제에 대해 의견이 일치하지 않는 사람들에게 진정한 친절을 베풀면서 성경적 확신을 유지하는 방법을 배우게 될 것이다.

**데이비드 도커리** 트리니티인터내셔널 대학/트리니티 복음주의 신학교 총장

점점 더 양극화되어 가는 세상에서 기독교 공동체는 일반 사회만큼이나 까다로운 논쟁으로 분열된 것처럼 보인다. 이 놀라운 책은 참신하고도 색다른 정중한 대화의 모델과 함께 이러한 논의에서 정말로 중요한 것이 무엇인지에 대한 비전을 제공한다. 창조와 진화 문제로 씨름하는 이들에게 이 책은 하늘이 주는 선물이다.

**피터 해리슨** 퀸즈랜드 대학교 인문과학고등연구소 소장

이 책은 보기 드문 보석이다. 어디에서도 이런 대화는 볼 수 없을 것이다. 진화에 대해 의견이 불일치하는 두 그리스도인 생물학자 간의 솔직한 대화 말이다. 두 사람은 자신에게 매우 중요한 문제에 대해 반대되는 견해를 가지고 있으면서도, 그리스도 때문에 대화를 멈추지 않기로 선택한다. 이 책은 원수를 사랑하고 신자들 간의 연합을 추구하기 위해 필요한 노고를 가감없이 보여 준다. 이야말로 오늘날 우리 교회가 필요로 하는 진정성 있는 대화다.

**데보라 하스마** 바이오로고스 대표, 『창조론 대화가 필요해』 저자

어린 시절 장로님들이 벌이는 훌륭하고 알찬 논쟁을 얼마나 자주 즐기면서 들었는지 기억한다. 문제를 꼼꼼히 들여다보는 종류의 논쟁은 발전시키는 데 시간이 걸렸고, 각각의 입장에 따라오는 결과를 평가했다. 복음주의 안에서 현재 일어나는 논쟁의 양극단에 있는 토드와 대럴은 이 중요하고도 어려운 논쟁에 대한 그들의 견해를 제시한다. 그러한 그들의 태도에는 확신과 단호함뿐만 아니라 겸손, 사랑 그리고 주님과 그분의 말씀에 대한 헌신이 어우러져 있다. 그 결과는 이 분야에서 존경받는 지도자들 사이의 진지한 (그리고 매우 개인적인) 대화다. 모여서 귀 기울이길 바란다. 고수들이 말하고 있다.

**마커스 로스** 리버티 대학교 지질학 교수 겸 창조연구센터 디렉터

걱정과 의심에 가득 찬 마음으로 이 책을 접했고, 읽는 동안 정말 좌불안석이었다. 그러나 책장을 넘기며 펼쳐지는 이야기들은 설득력 있고 매력적이며 종종 깊은 감동을 주었다. 또한 두 사람은 기원에 대한 해결할 수 없을 것처럼 보이는 심각한 차이에도 불구하고 서로 피상적 수준 이상의 관계를 맺기 위해 기꺼이 스스로 연약함을 노출했다. 나는 그러한 두 사람의 삶 가운데 성령께서 일하심을 볼 수 있었다. 이 책을 읽었다고 해서 기원에 대한 내 생각이 변한 것은 아니지만, 아마 그것이 결코 요점은 아니었을 것이다.

**폴 가너** 비브리컬크리에이션 재단 연구원 및 강사

이 책은 진화가 사실인지 아닌지를 결정하도록 도와주지는 않을 것이다. 훨씬 더 좋은 것을 준다! 예수님은 우리를 십자가로 빚어진 삶으로 부르신다. 그리고 우드와 포크는 연약함과 솔직함으로, 정말 중요한 심각한 차이들 앞에서 어떻게 그리스도처럼 될 수 있는지 우리에게 본을 보여 준다. 현대 사회는 오직 극단과 대립만 알지만, 이 책은 그러한 문화를 거슬러 그리스도 안에서 공존하는 법을 보여 준다.

**존 힐버** 그랜드래피즈 신학교 구약학 교수

# 바보와 이단

IVP(InterVarsity Press)는
캠퍼스와 세상 속의 하나님 나라 운동을 지향하는
IVF(InterVarsity Christian Fellowship)의 출판부로
생각하는 그리스도인을 위한 문서 운동을 실천합니다.



이 책은 한국교회탐구센터의 지원으로 번역·출간되었습니다.

# 바보와 이단

젊은 지구 창조론자와 진화적 창조론자는
어떻게 친구가 되었는가

백지윤 옮김

Ivp

## 차례

일러두기

본문에 인용한 성경 구절은 특별한 표기가 없는 경우 새번역을 사용하였습니다.

서문

# 우리의 싸움은 우리에 대해 무엇을 말해 주는가?

**랍 배럿, 골로새 포럼**

이것은 불일치에 관한 이야기다. 우리는 점점 늘어나는 불일치에 둘러싸인 것 같다. 오늘날의 불일치는 단순한 의견 차이를 넘어선다. 그것은 점점 더 관계의 붕괴를 의미한다. 당신이 그 후보에게 투표한 것을 아는 순간, 나는 당신이 어딘가 잘못된 것이 틀림없다고 결론짓는다. 당신 역시 내가 다른 누군가에게 투표한 것을 두고 똑같이 생각한다. 우리는 서로를 쳐다보며 속으로 묻는다. '도대체 어떻게 저런 식으로 생각할 수 있는 거지?' 이토록 사리분별 못하는 사람이 있다는 것이 도저히 이해되지 않는다. 그리고 그러한 감정은 상호적이다.

당혹감과 혼란 속에서 서로를 응시하면 우리 사이에 담이 올라간다. 우리 주변에는 온통 새로운 담이 쌓이는 중이다. 흑인과 백인은 서로를 이해하지 못한다. 남자와 여자, 진보와 보수, 총기 소유자와 총기 소유 반대자, 주류 기독교인과 복음주의자, 동성애자와 이성애자도 마찬가지다. 우리는 상대편을 바로잡고자 노력하고, 반대로 그들은 맞받아치거나 듣기를 거부한다. 우리는 화가 나고, (그 순간) 분노가 치밀어 오른다. 그들이 받아들이기를 계속 거부하면, 우리는 그들을 바보 혹은 악으로 치부한다. 이러한 반동적 성격의 담 쌓기는 이제 뉴 노멀(new normal)이다. 우리는 그것을 뉴스에서 매일 보고, 소셜미디어와 추수감사절 저녁 식탁 주변에서 실천에 옮긴다.

상대편을 평가 절하할 때, 우리는 실제로 우리 자신을 치켜세운다. 자신의 입장에 대한 확신은 자기만족적 우쭐거림과 자랄 데까지 자란 오만함에서 단지 몇 발자국 떨어져 있을 뿐이다. 우리는 화가 나서 그들을 바보라고 부르고, 그들의 지성을, 그다음에는 그들의 정직함을 폄하할 수 있는 자격을 스스로에게 부여한다. 그들을 비인격화할 때, 나의 통쾌함을 위해 그들을 괴롭히는 일은 쉬워진다. 나의 잽싸고 신랄한 공격은 담 안쪽 편에 있는 사람들 사이에서 나의 위상을 높여 준다. 오래 지나지 않아, 우리는 누가 가장 기발하게 깔아뭉개는 법을 내놓는지 경쟁한다. 이러한 분위기는 자연스럽게 고조된다. 그러나 괜찮다. 결국 우리가 아닌 저쪽 사람들이야말로 정말 오만하게 괴롭힘을 일삼는 이들이 아닌가. 우리는 우리 편에 유리한 반쪽짜리 진실을 말하기 시작하고 그것을 정당화한다. 다른 쪽이 말하는 것은 거대한 거짓말이기 때문이다. 게다가 그들이 시작했다.

여기서 누가 옳고 누가 그른가? 이야기의 반전은 본래의 의견 차이가 시야에서 멀어지는 방식에서 비롯된다. 우리의 초점은 불일치하는 논점에서 점점 멀어진다. 우리는 비방전으로 태세를 전환하여, 그러한 사안들을 그저 우리의 우월함과 그들의 열등함을 증명하는 도구로 사용한다. 보는 눈이 있는 이들에게 정말 이상하게 보이는 점은, 불일치를 어떤 식으로 다루어야 하는지에 대해 양쪽이 놀라울 정도로 일치를 보이는 역설적 현실이 양쪽의 차이를 무색하게 한다는 것이다. 그리고 그 모습은 아름답지 않다. 폭스뉴스든 CNN이든, 차이를 어떤 식으로 다루어야 하는지에 관한 기본 지침은 똑같다. 나쁜 행동은 좌파나 우파 어느 한쪽만의 전유물이 아니다.

만약 우리의 원래 논쟁보다 더 중요한 것이 위태롭다면?

의견이 대립하는 수많은 쟁점에 대해 그리스도인들이 이러한 전면전을 일상적으로 벌일 때(나의 소셜미디어 피드는 이러한 현실을 증언한다), 그것은 우리에 대해 무엇을 말해 주는가? 예수님에 대해서는?

예수님은 우리를 본질로 데려가는 방식으로 논쟁들을 관통하셨다. 그분의 적들은 세금에 관한 뜨거운 논쟁으로 그분을 옭아매려 했다. 그러나 그분은 두 입장 가운데 하나를 선택하기를 거부하셨고, 자신을 따르는 이들에게 하나님께는 하나님께 속한 것을 드리는 것이 무엇을 의미하는지 알기 위해 더 깊이 씨름하도록 도전하셨다(마 22:21). 세금을 내느냐 마느냐보다 더 중요한 것이 여기에 걸려 있다면? 간음하다 잡혀 온 여인 앞에서 예수님은 정죄와 자비 가운데 하나를 선택하지 않으셨다. 대신, 그분은 순종과 은혜가 함께 거하는 실제를 펼쳐 보이신다(요 7:53-8:11). 만약 우리의 불일치가 누가 옳고 누가 그른가를 넘어서는 문제라면? 분열과 불일치라는 어려움이 새롭게 드러날 무언가를 위한 기회, 예수님께 합당한 가치를 지닌 무언가를 위한 기회라면? 그것은 어떤 식으로 보일까?

그리스도의 몸에 속한 지체들인 우리는 서로가 서로에게 속해 있음을 뼛속 깊이 안다. 사도 바울은 "눈이 손에게 말하기를 '너는 내게 쓸 데가 없다' 할 수가 없고, 머리가 발에게 말하기를 '너는 내게 쓸 데가 없다' 할 수 없습니다"고 쓴다(고전 12:21). 그리스도의 몸에 속한 지체들이 서로를 담으로 가로막아 그 몸을 점점 더 작은 단위로 나누어 갈 때, 우리는 찔림을 느낀다. 고통을 피하는 가장 쉬운 방법은 상대편이 몸의 지체임을 부정하는 것이다. 진짜 그리스도인이라면 그런 식으로 생각할 리 없다. 그런 능숙한 조치로 긴장을 해소한 우리는 안도의 한숨을 내쉰다. 한쪽 팔을 잘라 냄으로써 그리스도의 몸의 온전함을 회복했다고 느끼지만, 그 몸은 몹시 병든 것처럼 보일 것이다. 그렇지 않은가? 새로운 전쟁이 일어나고 팔다리가 잘려 나간다. 우리는 다른 이들도 우리를 쓰레기 더미에 폐기했음을 깨닫는다. 이것은 우리가 그들을 폐기한 것을 인정해 주는가, 아니면 우리에게 뭔가 잘못되었음을 암시하는가? 우리의 확증 편향이 늘어 가고 그와 함께 그리스도의 몸이 줄어들 때, 우리는 이런 존재 방식이 지속 가능하지 않음을 깨달을 것이다.

이 책은 의견의 불일치에 관한 이야기다. 이는 추함에 대한 일반적인 조짐을 모두 지닌 불일치다. 그리고 추함의 가능성은 여전히 유효하다. 그러나 이 경우, 지금까지는 진부하던 분열의 패턴이 약간 수그러들었다. 그리스도의 몸에서 잘려 나갔던 몇몇 작은 부분이 다시 돌아왔다. 그런 일은 혁신적인 어떤 것을 통해서가 아니라 단순하지만 끔찍하게 어려운, 어린아이 같은 기독교 신앙의 패턴을 삶으로 살아 내려는 미미한 노력들을 통해 일어났다. 그것은 분리 장벽 반대편에서 그리스도 안에 있는 뜻밖의 그리고 좌절감을 주기도 하는 친구를 발견하는 이야기다.

이 특정한 불일치는 진화에 관한 것이다. 우리 중 어떤 이들에게는 생명과 인류의 기원을 놓고 그리스도인들 사이에서 전쟁이 벌어지는 현실은 고통스러울 만큼 명백하다. 다른 이들에게는 반대편에도 그리스도인들이 있다는 사실이 충격으로 다가올 수도 있다. 당신이 만약 그런 경우라면, 그것은 분리 장벽이 얼마나 효과적으로 작동하는지 보여 주는 증거다. 많은 그리스도인들은 창세기 첫 몇 장을 있는 그대로의 역사로 읽고, 하나님이 6일 만에 창조를 마치셨다고 믿는다. 그들에게 그리스도인이 진화를 받아들인다는 것은, 어쩌면 아메바가 원숭이로 변하는 것만큼이나 말이 안 되는 생각이다. 진화를 포함하여 많은 것들에 관한 과학적 정설을 오래전 받아들인 그리스도인들에게, 젊은 지구론을 믿는 것은 의사가 체액의 균형을 맞추기 위해 환자가 피를 흘리도록 내버려두는 것만큼이나 말이 안 된다. 그러나 그러한 분리 장벽 양편 모두에 수많은 신실한 그리스도인이 존재한다.

우리에게 담이 더 이상 놀랍지 않다면, 예수님이 그 담을 무너뜨리실 때에도 놀라지 않아야 한다. 그분이 그렇게 하신 역사가 있다. 바울은 유대인과 이방인 사이의 담이 무너진 것을 기뻐했다. 예수님은 그분이 아니고는 생각할 수 없었던 어떤 것을 가능하게 하셨다. 바로 유대인과 이방인이 가족처럼 함께 먹는 것이다. "그리스도는 우리의 평화이십니다. 그리스도께서는 유대 사람과 이방 사람이 양쪽으로 갈라져 있는 것을 하나로 만드신 분이십니다. 그분은 유대 사람과 이방 사람 사이를 가르는 담을 자기 몸으로 허무셔서, 원수 된 것을 없애시고…"(엡 2:14). 예수님이 그분의 평화로 이러한 원수 된 것을 이기셨다면, 진화를 받아들이는 그리스도인과 그것을 거부하는 그리스도인 사이의 원수 된 것은 어떤가?

골로새 포럼은 그리스도인들이 그들 사이의 갈등을 좀더 잘 다룰 수 있기를 바라는 마음에서 출범했다. 속으로는 이를 갈면서도 앞에서는 미소 지으며 싸우는 것을 말하는 게 아니다. 그것은 복음이 가져오는 차이를 경험하는 것, 갈등으로 분열된 세상에서 새롭고 아름다운 무언가에 대한 가능성을 보여 주는 것과 관련된다. 유대인과 이방인이 함께 식사하는 것은 하나님의 지혜를 강력하게 보여 주는 것이었다(엡 3:10). 갈등을 일으키는 문제의 근원적 해결책을 찾기 위한 많은 노력이 있었다. (과학은 지구가 젊다고 말하는가 혹은 오래되었다고 말하는가? 창세기 1-3장은 정확한 역사적 사실로 읽어야 하는가?) 그러나 문제는 여전히 남아 있다. 더 안타까운 것은 싸움 역시 그렇다는 것이다. 어쩌면 지금은 뭔가 새로운 것을 시도해야 할 때, 아마도 오늘날의 싸움 한가운데서 복음의 아주 오래된 부르심을 새롭게 들어야 할 때인지 모른다. 어쩌면 우리 눈에 있는 들보로 인해, 우리가 싸움에 임하는 방식이 우리와 우리가 반대하는 이들 그리고 우리를 지켜보는 이들 모두에게 해를 입히는 것을 보지 못하고 있음을 발견하게 될지도 모른다. 예수님은 다른 이들 눈 속에 있는 티끌에 집착하는 것이 우리 자신의 위선을 드러낸다고 경고하셨다(마 7:3-5).

문제는 어떤 사안들에 대한 우리의 불일치 자체가 아니다. 교회는 언제나 중요한 문제들을 놓고 씨름하고 싸워 왔다. 중요한 문제들에 대해 사람들이 서로 다른 답을 내놓음으로 인해 압박을 받지 않는다는 의미에서 그리스도의 교회가 순수한 적은 단 한 번도 없었다. 우리의 그리스도인다움(혹은 세속성)이 가장 분명하게 드러나는 것은 정확하게 그러한 압박을 주는 불일치에서다. 의견이 나뉘는 이러한 사안들도 중요하기는 하지만, 그러한 중요성이 우리가 불일치에 대응하는 **방식**에서 그리스도께 순종하는 것의 중요성을 놓치게 해서는 안 된다. 의견이 대립할 때 우리 자신을 어떻게 다루는지가 그리스도인으로서 우리의 성품을 드러내는 시험이라면 어떨까? 그리스도인의 불일치가 우리가 얼마나 옳고 다른 사람들이 얼마나 틀렸는지가 아니라, 하나님이 얼마나 선하시고 은혜로우시며, 우리가 파괴적인 옛 방식을 벗어 버리고 생명을 주는 새 방식을 덧입는 일에 얼마나 헌신하기를 원하는지를 선언하는 아름다운 기회를 제공한다면 어떻게 될까?(엡 4:22-24)

내가 참석했던 생명의 기원에 관한 어떤 학술대회에서 개막 연설자 중 한 명이 진화를 둘러싸고 분열을 일으키는 문제들을 다룰 때 겸손한 태도로 말할 것을 제안했다. 정말 좋은 생각이다! 결국 바울도 겸손이야말로 그리스도를 닮은 삶을 사는 데 본질적인 부분이라고 말하지 않았던가. "겸손함과 온유함으로 깍듯이 대하십시오. 오래 참음으로써 사랑으로 서로 용납하십시오"(엡 4:2). 그렇지만 이런 말은 좀 단순하지 않은가? 우리는 상대편에게 예의를 지키려고 노력해 봤다. 우리는 온유함으로 그들을 바로잡으려는 노력이 아무 소용없다는 것을 경험했다. 어린이 성경 공부에서 배운 모든 것은 어린이들에게는 좋지만, 이제 우리는 성인 리그에서 뛰고 있고 경기는 훨씬 거칠다. 이런 식으로 예수님의 가르침을 어리석을 만큼 단순한 것으로 제쳐 놓으려는 유혹을 받을 때, 어쩌면 우리 안에서 경고음이 울려야 될지도 모른다. 만약 예수님의 길은 단순하지 않으며, 우리가 인식하는 것보다 훨씬 더 어렵고 더 많은 것을 요구한다면? G. K. 체스터턴(Chesterton)은 다음과 같은 유명한 말을 했다. "기독교적 이상은 시도되지도 않고 부적합한 것으로 판명되었다. 그것은 어려운 것으로 판명되었고, 시도되지 않은 채 남겨졌다."[1] 그 학술대회 연설자는 겸손한 것과 그리스도 같은 겸손함의 열매를 맺는 것이 아주 쉬운 일처럼 들리게 했다. 그것은 절대 쉽지 않다. 이러한 덕목을 삶으로 실천하는 것은 생물학을 이해하고 진화가 참인지 거짓인지 결정하는 것보다 오히려 더 어려울 수 있다. 생물학을 배우는 것처럼, 그리스도처럼 사는 법을 배우기 위해서는 훈련과 연습이 필요하다. 우리가 어떤 일에 조금이라도 진전을 이루고자 한다면, 우리 마음 깊은 곳에 계신 성령께서 역사하셔야 한다는 것을 안다. 우리 힘으로 수없이 시도하고 실패하기를 반복한 것은 하늘도 안다.

이 책에 나오는 이야기를 읽으면서 여러분은 이러한 도전을 받아들인 두 사람을 만나게 될 것이다. 우리는 이 주제에 대해 서로 다른 입장을 지닌 두 명의 뛰어난 과학자들이 함께 만나 더 나은 무언가를 시도하고 그리스도인의 사랑을 드러내는 무언가를 시도하도록 초청했다. 우리는 그들이 그리스도께서 그들을 분리시키는 벽을 허무셨음을 믿고, 그분 안에서 서로 친구가 되도록 초청했다. 우리는 이 일이 어떤 식으로 진행될지 확신할 수 없었지만, 그들이 중요한 문제에 대해 그렇게 의견이 갈리는 상황에서도 그들이 공유하는 예수님에 대한 사랑이 변화를 가져올 수 있는지 보고 싶었다. 우리가 어른들의 문제 앞에서도 교회학교에서 배운 것을 기억하는 데 전념할 때, 과연 무슨 일이 일어날까?

이 두 사람은 지구의 나이와 진화론에 대해 더할 수 없을 정도로 의견이 극심하게 나뉘어 있다. 앞으로 보겠지만, 그들은 정말 상대편이 교회에 해를 끼치고 있다고 진지하게 믿는다. 그러나 그들은 예수님께 헌신한 이들로서 하나의 공유된 세상 안에 살고 있다. 그들은 자신들이 서로 사랑하도록 부름받았음을 뼛속 깊이 안다. 더 나아가 성령께서는 그들 각자에게 서로를 사랑하고자 하는 깊은 열망을 심어 놓으셨다. 그들이 부름받은 이 사랑은 어떤 부드럽고 말랑거리는 것이 아니다. 그것은 십자가로 그리고 십자가를 통해 이끄는 종류의 사랑이다. 예수님은 말씀하셨다. "사람이 자기 친구를 위하여 자기 목숨을 내놓는 것보다 더 큰 사랑은 없다" (요 15:13).

겁쟁이들은 이런 종류의 불일치를 다루는 일을 감당하기 어렵다. 결코 쉽지 않은 여정이었다. 많은 면에서 우리는 여전히 끝보다는 시작에 가깝다. 그러나 우리의 새로운 두 친구는 무슨 일이 일어날지 아무도 모르는 무인지대에 서기 위해 자신들의 안전지대를 뛰쳐나온 용감한 개척자였다. 그들은 적으로 간주하던 누군가에게 기꺼이 자신을 열어 보였다.

그들이 서로를 알아 가고 염려하는 사이가 된 뒤에도, 일은 전혀 진척되지 못했다. 우리는 불꽃이 튈 것을 아는 화제를 회피하고 있었다. 한 단계 더 깊이 들어가기 위해, 나는 두 사람 모두에게 정말로 상대편이 정직하게 말하는 것을 듣고 싶은지 물었다. 한 명은 재빨리 "네, 그가 정말 어떻게 생각하는지 듣고 싶어요"라고 답했다. 다른 한 명은 잠깐 멈추더니 결정적으로 중요한 말을 했다. "네, 그가 저에게 상처 주는 것을 기꺼이 받아들이겠습니다." 우리가 함께한 여정은 이와 같이 예수님의 길이 그 모습을 드러내던 작은 순간들로 정의된다. 세상이 거꾸로 뒤집히고, 패자가 승자가 되고, 사랑 안에서 진실을 말하는 것이 모순되지 않으며, 죽음이 부활로 바뀐다.

이 두 과학자가 직면한 도전은 여전히 남아 있다. 그들을 각각 지지하는 양편 모두 여전히 결정적 승리를 원하기에 많은 것이 위태롭다. 과연 언제쯤 상대편이 와해되고 승자 팀에 합류하기로 마음을 바꿀 것인가? 그러나 하나님 나라에서 승자 팀은 과연 어떤 모습을 하고 있을까? 많은 이들의 눈에, 예수님의 길은 패자의 길에 훨씬 가까워 보인다. 복음의 길은 놀라움으로 가득 차 있다. 이 두 과학자의 글을 읽으며, 예수님께 합당한 방식으로 우리의 차이를 다루는 법을 배울 수 있는지에 대해 새롭고 놀라운, 때로는 좌절감조차 느끼게 할 통찰력을 발견하기 바란다.

들어가는 말

# 태초에

**랍 배럿, 골로새 포럼**

창조 대 진화. 이 문제는 이미 수십 년 전에 해결된 것이 아닌가? 1950-1960년대 다수의 미국인 그리고 거의 대부분의 그리스도인은 창세기 1장에 묘사된 것처럼 하나님이 하늘과 땅을 만드셨다고 믿었다. 그러나 지금은 어떤가?

경우마다 다르다.

한편, 갤럽 연구소는 1982년부터 2014년 사이 미국인을 대상으로 이 주제에 대해 열두 번 이상 여론 조사를 실시했고, 그때마다 전통적인 창조론 관점이 우세한 것으로 나타났다. 창조를 믿는 이들의 비율은 40퍼센트 밑으로 떨어진 적이 없다. 미시건의 칼빈 신학교 교수 조너선 힐(Jonathan Hill)의 연구에 따르면, 창조 대 진화 문제는 훨씬 복잡다단하지만, 인간이 다른 생명 형태로부터 진화하지 않았다고 절대적으로 혹은 매우 확신하는 미국인 비율은 대략 30퍼센트 정도를 선회한다.[1] 퓨 리서치 센터(Pew Research

Center)에 따르면, 백인 복음주의자 가운데서 인간의 진화를 부정하는 숫자는 훨씬 많은 64퍼센트에 이른다.[2]

그렇다면 일반 인구의 경우, 약 30-40퍼센트의 미국인이 성경이 창세기에서 설명한 것처럼 하나님이 지구를 창조하셨음을 믿는다고 해도 별 무리가 없어 보인다. 이러한 사실은, 과학계에서 하나님이 진화와 상관없이 인간을 창조하셨다고 믿는 사람이 거의 없음을 고려할 때 매우 놀랍다. 2009년도 퓨 리서치 센터의 조사에 따르면, "거의 모든 과학자(99퍼센트)가 인간과 그 외의 생명체는 오랜 시간에 걸쳐 진화했다고 말한다."[3] 훈련된 과학자로서 하나님이 어떤 방식으로든 진화를 사용하셨다고 믿는 그리스도인들의 경우는 어떤가? 어떤 자료에 따르면, 대다수 복음주의 기독교 대학의 이과대에서는 진화적 창조론(evolutionary creation)을 가르친다.[4] 그러나 진화를 가르치는 그리스도인 교수들은 하나님이 그러한 진화의 과정을 만들어 내셨다고 말하기 때문에, 그들의 세속 동료들과 대립한다. 미국국립과학원(US National Academy of Science)은 "창조론, 지적설계 그리고 생명과 종의 기원에서 초자연적 개입에 대한 다른 주장들은 과학적 방법으로 검증될 수 없으므로 과학이 아니다"라고 밝혔다.[5] 진화적 창조론자들은 지적설계에 대한 이러한 비판에 동의하면서 지적설계를 그리스도인들로 하여금 과학에 등을 돌리게 만드는 또 다른 시도라고 보았다.[6] 비그리스도인 과학자들이 그리스도인 동료들의 과학적 공헌을 거부할 이유는 없다.

그러나 과학자가 진화 뒤에 숨어 있는 손으로든, 수천 년 전 완성된 모습으로 우주가 창조되도록 지휘한 것으로든 무엇인가를 설명하기 위해 하나님을 실험실 안으로 끌어들일 때마다 경종이 울리기 시작한다. 비그리스도인 과학자들은 그러한 두 견해가 정도만 다를 뿐 모두 반과학적이라고 간주한다.

이러한 상황은 우리를 이 책의 두 저자에게로 데려간다. 토드 우드와 대럴 포크는 복음주의 그리스도인이자 과학 분야의 수준 높은 전문가다. 토드는 버지니아 대학교에서 생화학 박사 학위를 받았고, 클렘슨 대학교에서 박사 후 연구원으로 일했으며, 브라이언 칼리지에서 과학 교수로 재직했다. 그는 그리스도인이 젊은 지구 창조론자(YEC, young-earth creationist) 관점에서 과학을 이해하도록 돕는 일에 주력하는 연구 교육 기관인 코어 과학 아카데미(Core Academy of Science)의 설립자이자 대표다. 대럴은 앨버타 대학교에서 유전학으로 박사 학위를 받았고, 브리티시 컬럼비아 대학교와 캘리포니아 대학교 어바인 캠퍼스에서 박사 후 과정 연구원으로 일했다. 시러큐스 대학교, 마운트 버논 나사렛 대학교, 포인트 로마 나사렛 대학교에서 가르쳤고(현재 명예교수로 재직 중이다), 진화적 창조론의 관점에서 과학과 종교 간의 관계와 대화에 공헌하는 것을 목적으로 설립된 바이오로고스(BioLogos) 수석 고문(전 대표)이다. 두 사람 모두 정말로 똑똑하고 그리스도께 헌신되어 있으며 기원에 대해 자신들이 믿는 바가 옳다고 확신한다.

대다수 과학자들에게 토드의 관점은 어리석게 보인다. 그들의 눈에 토드는 사이비 과학을 하고 있다. 그는 머리는 똑똑할지언정, 지성을 잘못 사용함으로써 다른 사람들을 오도하고 있다. 뜻밖에도 토드는 수많은 젊은 지구론 옹호론자들에게도 배신자로 여겨지는데, 이것은 때로 그가 동료 창조론자들의 과학에 의문을 제기하기 때문이다. 반면, 대럴도 그 어리석음에서는 만만치 않다. 그는 복음주의 그리스도인으로, 무엇보다 선도적 생물학자 가운데 기도를 들으시고 응답하시는 인격적 하나님을 믿는 6퍼센트도 채 되지 않는 사람들 중 한 명이다.[7] 하나님에 대한 그러한 믿음은 복음주의 기독교의 핵심 교리이자 대럴의 신앙과 삶의 초석이다. 그러나 많은 그리스도인들에게 대럴은 거짓 교사다. 그는 그들이 보기에 창세기 1장이 말하고 있는 방식으로 지구가 창조되었다고 믿지 않기 때문이다. 유명한 복음주의 지도자 존 맥아더(John MacArthur)는 대럴이 하는 일을 두고 "가증스러운 범죄"라고 부르면서, 이는 "성경에 대한 사람들의 확신을 파괴하는 일"이라고 주장했다.[8] 그런 그리스도인들에게 진화적 창조론을 받아들이는 사람은 이단이다.

복음주의 기독교 공동체는 토드와 대럴의 문제를 어떻게 다루어야 할지 정말로 잘 모르는 것 같다. 백인 복음주의 개신교인 중 오직 27퍼센트만 진화론을 수용한다.[9] 그리고 충분한 자격 요건을 갖추었음에도 불구하고, 토드는 주류 기독교 대학교에서 과학을 가르치도록 임용되지 않을 것이다. 적어도 휘튼, 칼빈, 테일러, 시애틀 퍼시픽, 고든, 웨스트몬트, 애즈버리 같은 대표적인 복음주의 대학 기관에서는 불가능할 것이다. 그가 13년 동안 가르쳤던 브라이언 칼리지는 과학 학부에서 젊은 지구 창조론을 가르치는 몇 안 되는 기독교 인문대학 중 하나다. 대럴은 기독교 대학의 동료들에게는 사랑받았지만, 그가 대학교에서(시작은 비기독교 대학교에서) 진화적 창조론의 입장을 가르치기 시작했을 때, 복음주의 교회 안에는 자신이 속할 자리가 없음을 분명히 알았다. 복음주의 교회에서 자란 그는 그런 교회의 일부가 되기를 갈망했지만, 자신과 자신의 가족을 위한 자리가 있을 것이라고 기대하지 않았다. 그는 기독교 라디오에서 자신의 관점이 조롱당하는 것을 여러 번 들었고, 자신의 견해가 잘못되었을 뿐 아니라 그야말로 죄악된 것으로 여겨진다고 느꼈다.

여기, 바보 토드 우드 박사와 이단 대럴 포크 박사를 소개한다. 그렇지만 두 사람 모두 예수님을 사랑하며 결코 어리석지 않다. 당신이 하나님이 수천 년 전 6일 만에 지구를 창조하셨다고 믿는 대다수의 복음주의 그리스도인에 속한다면, 대럴을 어떻게 대하겠는가? 당신의 자녀를 1년에 학비로 3만 불을 지불하면서 하나님이 상대적으로 그리 길지 않은 시간 전에 6일 만에 창조하신 것이 아니라 아주 오랜 시간에 걸쳐 창조하셨다고 배우게 될 기독교 대학에 보내겠는가? 대럴이 신앙과 실천 면에서 토드와 놀랄 만큼 유사한 방식으로 성경을 읽는다는 점을 고려할 때, 그를 당신의 교회 소그룹에 참석하거나 교회학교에서 그리스도인의 삶의 다른 측면들에 대해 가르치도록 초대하겠는가?

그리고 만약 당신이 진화가 하나님이 자신의 창조 명령을 실행하기 위해 사용하신 도구라고 생각하는 그리스도인 가운데 한 명이라면, 토드를 어떻게 대하겠는가? 그를 과학자로서 존중하겠는가? 압도적으로 많은 과학적 증거가 정반대를 가리키는 것으로 보인다는 사실을 인정하면서도 여전히 자신의 입장을 고수하는 이유를 들어 보고자 그를 초대하겠는가?

인간적으로 내게 흥미로운 근본 질문은 대럴과 토드가 서로를 어떻게 대하느냐 하는 것이다. 두 사람을 같은 방에 두면 어떤 일이 일어날까? 두 사람은 서로 친해질 수 있을까? 함께 예배드릴 수 있을까? 함께 기도할 수 있을까? 서로 사랑할 수 있을까? 대부분의 경우, 진화론을 수용하는 그리스도인들은 젊은 지구 창조론자들인 동료 신자들을 기본적으로 무시해 왔다. 더 나쁘게는, 진화론을 수용하는 공동체에 속한 많은 이들은 젊은 지구 창조론자들의 지성과 동기에 대해 매우 불쾌한 말들을 해 왔다. 대럴 자신도 토드가 하고 있는 일이 진정한 과학적 탐구 기준에 부합하는지에 대한 의문을 제기했다. 반면, 창조론자들 역시 진화적 창조론자들에 대한 비판의 목소리를 점점 더 키워 왔고 그 목소리는 점점 더 거칠어지고 있다. 앞서 언급했듯, 인기 저자이자 설교자인 존 맥아더는 대럴이 하는 일을 "가증스러운 범죄"이며 "성경에 대한 사람들의 확신을 파괴하는 일"이라는 식으로 묘사했다.[10] 창조론 단체 AIG(Answers in Genesis)의 설립자 켄 햄(Ken Ham)은 대럴 같은 그리스도인 진화론자들이 창세기를 해석하는 방식은 "하나님의 말씀에서 하나님을 인정하지 않으려는, 오류에 빠지기 쉬운 죄 많은 인간의 시도에 지나지 않는다"고 말한다.[11] 토드는 그렇게까지 말하지는 않겠지만, 어쨌든 대럴이 하는 일이 무해하다고 생각하지는 않는다.

2013년, 나는 토드와 대럴에게 그리스도인들이 그들 사이의 차이를 어떻게 다루는지에 열렬한 관심이 있는 나의 동료들과 함께 만나자고 초대했다. 이것은 내가 일하는 단체 골로새 포럼이 진행하는 여러 프로젝트 가운데 하나였다. 우리 포럼은 중요한 사안에 대해 의견이 극렬하게 대립하는 그리스도인들이 그러한 사안을 어떻게 그리스도와 서로를 존중하는 방식으로 다룰 수 있는지 배우도록 후원하는 단체다. 보수 그리스도인 사이에서 창조 대 진화만큼 뜨거운 논쟁을 일으키는 주제도 없으며, 그들은 자신의 관점에 대해 한 치도 양보하지 않는다. 그러나 지난 몇 년 동안 그들이 서로를 염려하는 깊은 우정을 발전시킨 것은, 불화할 수밖에 없는 관계 가운데 그리스도께서 행하시는 일을 드러내는 증거다. 그 일은 결코 쉽지 않았다. 우리의 첫 만남은 무척 어려웠다. 자신이 무시당할 수 있음을 염려했던 토드에겐 특히 더욱 그랬다. 그리고 어느 지점에서는 실제로 그런 일이 일어나기도 했고, 대럴은 자신이 토드가 진화론에 대해 잘 알지 못한다고 잘못 말한 것에 대해 사과해야 함을 깨달았다. 대럴이 사과하기 직전, 갈등은 최고조에 달했고 나는 두 번째 만남이 성사될지 확신할 수 없었다. 이 책에 나오겠지만, 그들의 불일치를 둘러싼 쟁점들은 우리 기독교 신앙과 증언의 핵심으로 이어진다. 문제는 단순히 지구가 어떻게 시작되었는지에 대해 상대편이 틀렸다고 생각하는 것이 아니다. 어떤 면에서 그것은 차라리 쉬운 부분이다. 만약 그것이 전부라면, 그들은 그저 서로의 생각이 다르다는 점에 동의하고 서로 잘되기를 바라며 각자의 길을 갈 수 있을 것이다. 그러나 여기에는 훨씬 더 많은 것이 걸려 있다.

그리고 바로 그 지점에서 시작하는 것이 좋겠다.

**연구와 묵상을 위한 질문**

1. 당신은 지구와 그 안의 모든 것이 어떻게 만들어졌다고 믿는가?

2. 이 주제에 대한 당신의 생각은 어디에서 가장 큰 영향을 받았는가?

3. 만약 당신이 이 주제에 대해 관점을 바꾼다면, 당신의 가족이나 친구들은 어떻게 반응하겠는가?

4. “하나님을 믿고 그분이 주시는 값없는 구원의 선물을 받아들이기만 한다면, 기원에 관해 무엇을 믿는지는 그다지 중요하지 않아요.” 이와 같은 일부 그리스도인의 입장에 대해 당신은 어떻게 반응하겠는가?

5. 당신이 속한 교회는 기원에 관해 특정한 관점을 가지고 있는가? 만약 그렇다면, 그러한 관점을 어린이들에게 어떤 방식으로 소통하거나 가르치는가? 십대들의 경우는 어떤가? 어른들의 경우는?

6. 당신의 목회자나 소그룹 리더에게 교회에서 창조에 대해 가르치는 관점과 다른 입장을 가진 사람을 초대해서 설교나 강연을 해 주도록 요청한다면, 그들은 어떤 반응을 보일 것이라고 생각하는가?

## 1장

# 대럴은 왜 틀렸고, 그것이 왜 중요한가

토드 우드

대럴 포크는 많은 것에 대해 옳다. 진화 과학자들이 진화론을 뒷받침하는 방대한 양의 증거를 수집했다는 그의 말은 맞다. 수백만 년에 걸쳐 인간이 동물에서 진화했음을 뒷받침하는 증거가 있다는 그의 말은 맞다. 진화는 매우 성공적인 이론이며, 전 세계 과학자의 대다수가 의심의 여지없이 이를 받아들인다는 말도 맞다.

그러나 그 모든 증거와 지지가 진화를 사실로 만들지는 못한다. 최초의 원시 세포로부터 생명체로 가득 찬 현대 세계에 이르는 진화의 거대한 이야기는 거짓이며, 이는 그러한 진화가 이 세상의 생명체가 어떻게 발전했는지를 정확하게 설명해 준다고 믿는 대럴과 다른 모든 과학자들이 틀렸음을 의미한다.

나는 비그리스도인 과학자가 진화론을 받아들이는 것이나, 대럴 같은 그리스도인이 그리스도에 대한 그들의 신앙과 진화를 받아들이는 것 사이에 갈등이 없을 수도 있다는 것이 전혀 놀랍지 않다. 그러나 나는 기독교와 진화의 양립 가능성을 선전하는 그리스도인에 대해 깊이 우려한다. 결단코 나는 그들이 위험하다고 믿는다. 나는 대럴과 다른 그리스도인 진화론자들이 교회에 해악을 끼치고 있다고 믿는다.

진화를 받아들이는 그리스도인들은 창세기 1-11장에 대한 이해를 수정할 수밖에 없으며, 이는 꼬리에 꼬리를 무는 신학적 위기를 가져온다. 본질적으로 그들은 창세기를 읽고 이렇게 말한다. "글쎄, 이 말씀은 그것이 말하는 바를 정말로 의미하는 게 아니야."

어떤 이들은 창조의 날들이 사실은 아주 긴 시간을, 어쩌면 수백만 년, 심지어 수십억 년을 상징한다고 추론한다. 다른 이들은 창세기가 하나님이 하늘과 땅을 언제, 어떻게 창조하셨는지 우리에게 정확하게 말해 줄 의도로 쓰이지 않았다고 주장한다. 대신, 창세기는 창조 신화의 전통 안에서 쓰였으며, 예수님의 비유처럼 내러티브 양식으로 쓰인 일종의 신학이라는 것이다. 그들은 세부 사항이 중요하지 않다고 말한다. 중요한 것은 오직 그것의 신학적 메시지다.

나는 성경에 대한 대럴의 접근법이 매우 설득력이 없다고 본다. 성경을 그들의 과학에 맞추려는 이런 노력에서는 논리적 일관성을 발견할 수 없다. 하나님의 말씀에 들어 있는 이 특정 부분에서, 하나님은 사실 말씀하신 그대로를 의미하신 것이 아니라고 보는 것은 임의적 결정이다. 글쎄, 다른 부분에서는 당연히 말씀하신 그대로를 의미하신다. 정확하게 말씀하시는 그대로를 의미하신다. 그러나 창세기에서는 별로 그렇지 않다. 왜? 글쎄, 과학의 관점에서 볼 때 불편하기 짝이 없기 때문이다.

내게는 창세기에서 이미 아주 분명해 보이는 것을 대럴과 그의 동료들이 '재해석'하고자 할 때, 다른 구절들 역시 '재해석'할 수밖에 없게 된다. 예를 들면, 출애굽기 20:11에서 "내가 엿새 동안 하늘과 땅과 바다와 그 안에 있는 모든 것을 만들고"라고 선언할 때, 이 말씀은 틀렸는가? 바울 사도 그리고 그가 고린도전후서와 로

마서에서 아담의 죄에 대해 상세하게 논하는 것은 어떤가? (대럴에게 공평하게 말하자면, 나는 그를 위시한 많은 진화적 창조 옹호자들이 역사적 아담의 가능성을 받아들이는 것을 알고 있으며, 그렇지만 다른 일부는 그렇지 않음을 밝혀 둔다.) 혹은 베드로가 마지막 때와 홍수에 대해 말하는 것은 어떤가? 만약 매우 분명해 보이는 이러한 구절들이 사실은 그것이 말하는 그대로를 의미하지 않는다면, 우리는 과연 성경의 어떤 부분이 말하는 그대로를 의미하는지 어떻게 알 수 있는가?

더욱 문제가 되는 것은 하나님 말씀의 오류 가능성이다. 그러한 세부 사항이 중요하지 않게 되면, 대럴의 어떤 동료들은 우리로 하여금 성경이 역사나 창조에 대해 잘못된 생각을 승인한다고 믿게 만들 것이다. 대부분은 드러내 놓고 성경이 틀렸다고 말하지는 않겠지만, 그런 의미를 함축하고 있음은 분명할 것이다. 이러한 신학적 속임수로 대럴과 그의 동료들은 성경의 권위와 진실성에 대해 어려운 의문을 제기하고, 그렇게 되면 복음주의자들을 위해 많은 것을 바꿔야 할 것이다. 이렇듯 성경에서 매우 분명하고 중요한 부분들을 부인하고 나면, 부활처럼 과학적으로 설명하기 힘든 성경의 다른 부분 역시 부인하는 것을 무슨 수로 막을 수 있겠는가? 우리 신앙의 기본 뼈대를 구성하는 직물에서 실 몇 가닥을 뽑아내기 시작하면, 그것은 단순히 미끄러운 내리막길 정도가 아니라 불가항력이 된다. 정확하게 그것이 대럴이 하려는 일이다. 그는 자신이 그저 느슨한 실타래를 몇 가닥 뽑아내고 있을 뿐이라고 확신하지만, 나는 그가 하는 것처럼 일단 잡아당기기 시작하면 신학의 전체 구조가 흔들릴 것이라고 생각한다.

그리스도인 진화론자들이 진화와 양립하도록 신앙에 어떻게 손을 대는지 보여 주는 예가 있다. 대럴과 그의 일부 동료들은 과학이 역사적 아담과 하와에 대해 말할 수 있는 것은 없다고 지적하기를 좋아하지만, 과학자들은 현생 인류가 수천 명의 개체군에서 진화했다고 말한다. 그렇다면 그것은 성경에서 아담과 하와를 묘사하는 내용과 어떻게 부합할 수 있는가? 대럴과 그 동료들은 실은 지구상에 다른 인간들이 있었지만, 하나님이 특별한 목적을 위해 아담과 하와를 선별하셨다고 주장한다. 이것을 믿는 데 과학은 어떤 방해도 되지 않으며, 아담에 관한 바울의 가르침에 대해 말하는 것도 쉬워진다. 만약 정말로 아담이 있었다면 말이다. 그들에게는 이것이 과학과 성경을 조화시키는 '안전한' 방법이다. 하지만 그들이 하는 일은 하나님의 말씀 안에서 아담과 하와가 누구인가의 실재를 완전히 바꾸어 버린다. 하와는 더 이상 생명이 있는 모든 것의 어머니가 아니며(창 3:20), 인류의 모든 족속은 더 이상 한 혈통에서 나온 것이 아니게 된다(행 17:26). 한 명의 '부족장'(tribal chief)인 에덴의 아담은 성경의 아담이 아니다.

대럴 자신은 정확하게 바로 이것이 주류 교단에서 일어난 일이라는 것을 알고 있다. 그들은 모두 '고등 비평'을 따랐다. 그리고 지금 그들은 어디 있는가? 가장 관대한 시각을 가진 사람들조차 주류 교회가 수십 년 동안 계속 쇠퇴하고 있다는 데 동의할 것이고, 나는 그러한 쇠퇴의 원인 중 큰 부분이 성경을 자신들이 원하는 대로 말하도록 만들고자 한 그들의 열심 때문이라고 믿는다. 그들은 그들 자신의 형상으로 하나님을 재창조하고 싶어 한다. 배교의 나락으로 떨어지는 사람들을 볼 때, 나는 대럴과 다른 그리스도인 진화론자들이 자신들 역시 동일한 방향으로 가고 있음을 염려하지 않는 까닭을 이해할 수 없다. 공정하게 말하면, 나는 대럴이 여기에 걸려 있는 것이 무엇인지 알고 있으며, 그래서 이런 성경 해석 방식을 성경의 어느 부분에 적용할 것인지에 대해 꽤 엄격하다고 생각한다. 안심은 되지만, 여전히 자의적으로 보인다. 그와 그의 동료들은 성경이 말하는 그대로를 의미하는 부분과 그렇지 않은 부분을 어떻게 결정할 것인가? 정말로 과학이나 문화가 그 자체에 대해 맞다고 말하는 것을 기준으로 삼을 것인가? 오직 우리가 엄격할 때에만, 즉 기적이나 부활을 포기하고 싶지 않을 때에만 성경의 재해석을 멈출 것인가? 개인적 엄격함이 신학의 훌륭한 토대가 될 수 있다고는 기대하기 힘들다.

결국, 정말 자명한 과학이 2천 년 동안의 신학을 재해석할 이유가 된다면, 왜 진화에서 멈추겠는가? 많은 과학적 증거는 당신이 죽을 때 모든 것이 끝이라고 말한다. 그러나 신약에서 우리는 예수님이 십자가 처형이라는 잔혹한 방식으로 죽임을 당하셨고, 그분의 추종자들이 그분을 십자가에서 내려서 무덤에 두었다고 읽는다. 사흘 뒤, 무덤은 비어 있었다. 과학적으로는 불가능한 이러한 죽음을 이긴 승리는 우리 기독교 신앙의 가장 근본적인 주춧돌이다. 대럴과 다른 그리스도인 진화론자들에게 이러한 성경의 과학적 비일관성에 대해 언급하면, 그들은 그저 어깨를 으쓱하며 "글쎄, 부활은 기적이야"라고 말한다. 물론 그렇다! 그리고 창조 역시 그렇다! 과학이 신학에 영향을 미치도록 허락하지 않는다면, 왜 성경의 어떤 기적은 받아들이고 다른 기적은 거부하는가? 그리고 당신이 어느 날 그 증거를 보면서 죽음이 모든 것의 끝이라고 말하는 과학을 따르기로 결정하지 말라는 보장이 어디 있는가? 죽은 지 사흘이나 된 사람을 소생시키는 것은 의학적으로 불가능하다. 부활은 성경에 묘사된 것처럼 실제로 일어나지 않았을 것이다. 이전의 수많은 그리스도인이 이런 방향으로 나아갔다. 그리스도인 진화론자들도 그러지 말라는 법이 어디 있는가? 다시 한번, 공정하게 말하자면 나는 대럴이 과학적으로는 전혀 말이 되지 않더라도 부활을 전적으로 믿는다는 것을 안다.

또한 나로서는 그리스도인 진화론자들의 큰 동기가 세상에서의 우리의 입지라는 결론을 피하기 어렵다. 그들은 더 넓은 과학 공동체에서 받아들여지기를 원한다. 창조 이야기를 고수한다면 자신의 기독교 신앙을 통해 비그리스도인 과학자들에게 영향을 끼칠 기회를 잃게 될 것이라고 말할 때, 대럴 역시 똑같은 이야기를 하고 있다. 그의 복음 전도 정신은 인정하지만, 나는 이제껏 대럴과 다른 이들이 진화론을 받아들인 것 때문에 주류 과학자들이 떼를 지어 그리스도인이 되고 있다는 증거는 본 적이 없다. 그리고 설령 대럴이 그리스도인 진화론자들의 사역을 통해 믿음을 갖게 된 몇몇 사람들의 증거를 보여 줄 수 있을지라도, 나는 젊은 지구 창조론의 사역을 통해 신앙을 갖게 된 훨씬 더 많은 사람들의 증거를 댈 수 있다.[1]

불편한 현실은 진화 자체가 위험하다는 것이다. 교회에서 창조를 배웠던 젊은 사람들이 기독교 대학에 진학한 뒤 진화에 영향을 받고 신앙을 완전히 버리는 일은 흔하게 일어난다. 애석하게도, 나는 똑같은 일이 내가 가르치던 기독교 대학을 떠난 학생들에게도 일어나는 것을 보았다. 그들은 대학원 과정을 위해 일반 대학교에 진학했고, 진화를 받아들인 뒤 신앙을 떠났다.

만약 이런 기독교 진화론의 유행이 만연해진다면, 즉 우리가 계속 지배적 문화를 수용하는 방식으로 성경을 해석해 나간다면, 우리는 기독교적 정체성을 잃게 될 것이다. 우리는 세상의 '지혜'와 화평을 이루고자 노력한 다른 모든 교회처럼, 죽은 비교회가 될 것이다. 대럴 개인의 삶에서는 일어나지 않을 수도 있겠지만, 어쨌든 그런 일은 일어날 것이다. 또한 우리는 다윈보다 더 깊은 차원으로 나아가 놀랍도록 풍성한 열매를 맺게 될 흥미진진한 과학 연구의 길을 놓치게 될 것이며, 이는 부끄러운 일이 아닐 수 없다. 그리고 분명 그야말로 사실이 아닌 무언가에 막대한 양의 시간과 인력, 자원을 낭비할 것이 분명하다.

나는 아직 진화론이 제기한 모든 문제에 만족할 만한 답을 발견하지는 못했다. 그러나 나는 성경이 말하는 그대로를 의미한다고 믿기 때문에, 그 답이 어딘가에 있다고 확신한다. 성경에 대한 그러한 나의 믿음은 나를 다른 주류 과학자들로부터 소외시키겠지만, 그리스도의 추종자들은 결코 다른 모든 사람과 똑같아지도록 부름받지 않았다. 대럴이 그리고 예수님을 사랑하는 다른 모든 재능 있는 과학자들이 나와 함께, 하나님이 창세기에 묘사해 놓으신 그대로의 창조가 간직한 믿기 힘들 정도로 아름다운 신비를 탐구하는 데 우리의 지식을 사용한다면, 과학과 하나님 나라 양쪽 모두를 위해 얼마나 더 많은 것을 성취할 수 있겠는가!

**연구와 묵상을 위한 질문**

1. 지구가 둥근 것을 증명하는 많은 증거를 받아들이면서도 여전히 지구가 평평하다고 믿는 사람에게 어떻게 반응하겠는가? 그들의 헌신을 칭찬하겠는가? 그들의 고집불통을 비판하겠는가? 상관없다고 무시해 버리겠는가? 그 이유를 설명해 보라.

2. 토드는 그리스도의 추종자들이 다른 모든 사람과 같지 않아야 한다고 말한다. 당신의 신앙은 어떤 식으로 당신이 다른 모든 사람과 같지 않도록 영향을 주었는가? 어떤 면에서 일부 그리스도인들이 지나치게 열심히 다른 모든 사람과 같아지려고 노력한다고 생각하는가?

3. 그리스도인은 과학이 처녀 수태나 부활 같은 초자연적 사건에 대한 그들의 믿음을 뒷받침하는지 또는 하지 않는지에 대해 신경을 써야 하는가? 그렇게 생각하는 이유는 무엇인가?

4. 대부분의 젊은 지구 창조론자들은 진화론자들이 많은 양의 믿을 만한 증거를 수집했음을 인정한 토드를 비판한다. 당신은 어떻게 생각하는가? 토드는 진화론자들에게 그렇게 큰 신뢰를 줌으로써 대의를 해치고 있는가? 아니면 창조론자들에게 더 큰 신뢰를 주고 있는가?

5. 토드는 대럴처럼 진화론을 믿는 그리스도인들이 교회가 생명력이나 적실성을 상실해 가는 상황에 영향을 끼친다고 믿는다. 여기에 동의하는가? 그 이유는 무엇인가?

6. 그리스도인들이 믿는 방식이 교회에 해를 끼치는 다른 예를 생각할 수 있는가? 교회에 해를 끼친다고 생각하는 동료 그리스도인에게 당신은 어떤 식으로 반응하겠는가?

# 2장

# 도도는 왜 들렸고, 그것이 왜 중요한가

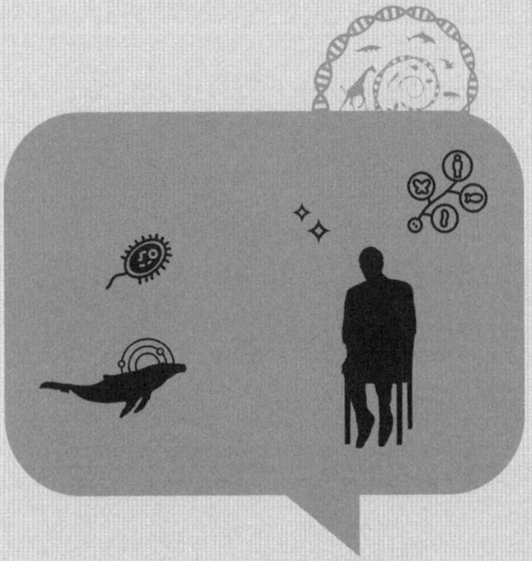

대럴 포크

토드 우드는 나와 좀 특이한 관계다. 나는 젊은 지구론의 관점을 지닌 많은 과학자나 과학을 가르치는 사람을 오랫동안 알아 왔으며 그들과 교류해 왔다. 그들로부터 신앙과 관련된 많은 것을 배웠다. 나는 그들의 신실함과 주님을 향한 깊은 사랑, 하나님 나라를 위한 열심을 잘 알고 있다. 그들과의 대화가 항상 쉽지는 않았다. 그들 대부분은 주류 과학이 많은 약점이 있으며 진화론은 곧 무너질 것이라고 믿는다. 어떤 이들은 내가 해 온 일에 대해 깊이 우려하고, 나를 사탄의 종으로 보기도 한다. 하지만 놀랍게도 그들 모두는 나에게 친절했고 나는 그들과 함께 있는 것을 즐긴다. 나는 거의 언제나 그리스도께서 그들의 삶 가운데 일하고 계심을 감지해 왔다. 과학이 어떤 방식으로 작동하는지 그리고 특히 진화 과정을 통해 하나님이 일하고 계심을 보여 주는 증거가 얼마나 압도적인지에 대한 그들의 무지에도 불구하고, 예수님은 분명히 그들을 통해 일하실 수 있다.

토드는 신앙의 깊이와 아름다움에 있어서 그들과 마찬가지다. 그는 예수님을 따르는 사람이고, 나는 우리가 함께 모일 때마다 그의 옆에 있는 것이 좋았다. 토드의 다른 점은 분자진화학 박사라는 것이다. 그는 의학, 세포생물학, 미생물학, 생리학 같은 생물학 곁길을 통해 창조 과학에 들어오지 않았다. 토드의 대학원 교육은 진화 자체에 대한 것이었다. 그런 점에서 그는 또 다른 젊은 지구 창조론자 한 명과 비슷하다. 내가 20세기의 가장 영향력 있는 진화생물학자 중 한 명인 스티븐 제이 굴드(Stephen Jay Gould)와 함께 만나는 영광을 누렸던, 하버드에서 고생물학 박사 학위를 받은 커트 와이즈(Kurt Wise)다. 커트처럼 토드는 진화에 대한 과학의 논증이 얼마나 강력한지 잘 알고 수긍한다. 그들 두 사람 모두 과학을 잘 알며, 매우 정직한 인격을 지니고 있기에 과학이 자신들의 견해와 맞지 않는다고 해서 그것을 왜곡시키는 일은 체질적으로 하지 못한다. 커트처럼 토드는 진화가 위기에 처한 이론이 아님을 우선 인정한다. 그는 진화가 틀렸다고 매우 확신하지만, 대학원에서 진화생물학을 전공하지 않은 채 질문을 던지는 사람들이 내세우는 대부분의 논지가 과학적으로 순진하며 부실하다고 생각한다. 커트와 다른 소수의 사람들처럼, 토드 역시 진화생물학이 틀렸음을 보여 주는 가장 좋은 방법은 검증 가능한 가설을 제시하는 방식으로 창조 모델을 발전시키는 것이라고 생각한다. 그들의 입장은 진화 과학에 대한 방어적 공격이라기보다는 긍정적 의제 제시다. 토드는 성경이 하나님의 말씀이라면, 올바른 과학적 질문을 제기하고 그것을 연구하면 결국 왜 진화생물학이 잘못된 것이며 창세기에 대한 문자적 해석이 맞는지 보여 줄 것이라고 믿는다. 나는 진화에 대한 증거를 단순히 일축해 버리거나 그것을 받아들이는 우리를 조롱하는 대신, 그 증거를 기꺼이 객관적으로 바라보고자 하는 그의 태도를 높이 평가한다.

마지막으로, 토드는 매우 훌륭한 사람이고, 젊은 사람 중에서는 거의 드물게 나를 더 잘 알고자 하는 마음을 지녔을 뿐 아니라 나를 극도로 존중하고 친절하게 대하려고 노력하는 것을 알게 되었다. 또한 토드는 계속 예수님을 떠올리게 했다. 그는 온유하고 친절할 뿐 아니라 창조에 대해 정말 열광적이다. 때로 토드와 함께 있을 때면, 내가 창조 자체의 추동력이라고 생각하는 흥분을 약간 느낀다. 하나님은 창조 세계의 모든 것을 우리가 상상할 수 있는 이상으로 사랑하신다. 그분은 그것을 고안하셨고, 그 안에서 기뻐하신다. 토드와 함께 있을 때 그가 생물학자로서 전율하기 시작하면, 나는 예수님과 함께 있는 것처럼 느껴지기도 하고, 그분이 만물의 창조주로서 생명이 거치는 과정 안의 아름다움을 살펴보시며 느끼셨을 흥분이 약간 감지된다. 토드에게는 그런 똑같은 종류의 기쁨이 있고, 그리스도께서 만드신 모든 것을 경축하는 또 한 명의 과학자로서 나 역시 그의 주변에 있는 것이 즐거움을 발견했다. 심지어 그의 프로젝트가 열매를 맺을 수 있을지에 대한 내 생각을 어색하게 표현하는 동안에도 그는 기쁨에 넘친다.

과학자로서 나는 토드가 진화론을 그저 반대하거나 불신하지 않는 점을 가장 존경한다. 오히려 그는 젊은 지구 창조론의 과학적 정당성을 입증하기 위해 전문가로서 자신의 삶을 걸었다. 최근 기독교 학교의 학생이나 홈스쿨링을 하는 아이들을 위해 저술한 교과서에서, 그는 인간과 원숭이가 유사한 것을 인정하면서도 그들이 **왜** 유사한지를 발견하기 위해 과학을 사용하도록 학생들을 격려한다. 다른 말로 하면, "진화론의 증거와 싸우는 대신, 더 나은 답을 찾기 위해 과학을 더 깊이 파고들어라"라고 말하는 것이다. 그것은 젊은 지구론과는 다른 신선한 접근이다. 토드는 미래의 어느 날, 그가 신봉하는 창조 과학이 마침내 신빙성을 얻게 되어, 나와 나의 진화적 창조론자 동료들에게 지구가 상대적으로 짧은 시간 전에 6일 동안 창조되었음을 설득할 수 있게 될 것이라고 믿는다. 다른 젊은 지구 창조론자들과 그들이 속한 단체가 토드처럼 대학원 과정에서 진화생물학을 공부함으로써 제대로 된 지식을 얻고, 그리하여 창조 모델 예측을 위한 긍정적이고 탄탄한 과학적 실험을 발전시킬 수 있게 된다면 정말 좋겠다. 나는 그러한 목표를 위해 토드가 하고 있는 일을 지지한다. 그는 우리의 논의에 매우 필요했던 과학적 진지함을 유지하고 자신과 의견이 다른 사람들을 언제나 존중하고 친절하게 대하면서 정직한 대화와 논쟁에 열린 자세로 임했다.

나는 창조의 과학적 증거를 찾으려는 토드의 열정을 진심으로 높이 평가하지만(정말로 그렇다), 그는 분명 실패할 것이다. 명백하게 틀렸기 때문이다. 그 역시 내가 그가 실패하리라고 생각한다는 것을 안다. 진화의 증거가 가히 압도적이기 때문이다. 토드가 그만 멈추고 나와 힘을 합쳐 함께 일하게 되는 일은 결코 일어나지 않으리란 것을 알면서도 나는 진심으로 그렇게 되기를 바란다. 나는 성경에 대한 우리의 관점이 정말로 아주 가깝다고 생각하고, 따라서 그가 나의 과학적 견해로 넘어오기 위해 바꾸어야 할 것은 그다지 많지 않을 것이다. 그저 성경 몇 장을 해석하는 방식만 바꾸면 된다. 나는 창세기 이야기에 상징적 언어가 들어 있다고 생각하는 반면, 그는 그렇게 생각하지 않는다. 그 외에는(또한 창세기 1-11장의 몇 가지 다른 문제들을 제외하고는) 우리는 성경과 그리스도인의 삶을 거의 동일한 방식으로 본다. 그는 침례교 출신이고 나는 웨슬리안/성결교 출신이기 때문에 교단 차원에서 몇 가지 차이는 있겠지만, 내가 볼 때 우리는 생각이 거의 똑같다. 일부 진화론적 복음주의 그리스도인들과는 달리, 나는 역사적 아담과 하와에 대해서도 별 문제를 느끼지 않으며[존 월튼(John Walton)의 『아담과 하와의 잃어버린 세계』(*Lost World of Adam and Eve*, 새물결플러스)를 보라], 따라서 우리는 성경에 대해서는 놀라울 정도로 가깝고 과학에 대해서는 멀리 떨어져 있다.

나는 단순히 토드가 틀렸을 뿐 아니라 기원에 대한 그의 견해를 퍼뜨림으로써 교회에 해를 끼치고 있다고 믿지만, 이런 말을 하기가 몹시 힘들다. 토드는 좋은 사람이고 그리스도 안에서 형제이므로, 그런 사람이 교회에 해를 끼친다고 생각하고 싶지 않다. 그러나 그렇게 생각하는 것을 피할 수 없다. 그가 받아들이는 창조에 대한 견해를 교회가 수용하면 할수록, 예수님이 허락하시는 풍성한 삶의 아름다운 선물을 경험을 해야 할 이들에게 교회는 점점 더 영향력을 상실할 것이다.

오늘날 생물학 분야의 주요 인물들은 말할 것도 없이 대부분의 과학자들은 더 이상 어떤 종류의 종교도 필요 없다는 쪽으로 결론지었다. 그들에게 종교는 과거의 산물이다. 대부분의 과학자들은 신을 믿는 시대는 우리 뒤로 물러나고 우리는 앞으로 나아가야 한다고 말할 것이다. 이는 적어도 두 가지 이유에서 염려스럽다. 첫째, 우리 문화의 법과 가치 체계는 대부분 유대-기독교 유산에 의해 형성되었기 때문이다. 성경의 가르침에 따라 살고자 노력하는 사람들이 우리 문화에 긍정적 영향을 끼쳤다. 우리는 그러한 영향력이 점점 쇠퇴하는 것을 목도하고 있다. 그러한 영향력을 상실하게 될 때 우리 문화가 어떤 모습을 하게 될지 생각하고 싶지 않다.

그러나 문화가 점점 세속화되는 것에 대해 내가 염려하는 가장 중요한 이유는, 세상의 유일한 소망이 믿는 자들의 삶 속에 거하시는 그리스도라고 믿기 때문이다. 여기에서 기술 주도 사회로 더 깊이 들어가게 되면서 수면 위로 드러나게 될지 모르는 거대한 세계 위기에 대해 상세히 기술할 수는 없지만, 우리를 통해 드러나는 그리스도의 임재가 필요한 시기가 있다면 지금이야말로 바로 그런 때다. 그리스도인들이 한쪽 구석으로 밀려나 기본적으로 자기들끼리만 말할 뿐, 최근 세속 과학주의로부터 지대한 영향을 받은 이 시대의 문화를 향해 목소리를 낼 수 없다면, 우리는 세상에 바울 사도가 "영광의 소망"이라고 묘사했던 것을 나머지 세상에 제공하면서 실제 증인이 되어야 할 임무를 제대로 수행하지 못하는 것이다.

토드와 다른 젊은 지구 창조론자들이 지구는 만 년이 넘지 않는 시간 전에 6일 동안 만들어졌다고 그리스도인들을 설득할 때, 그들은 문화에 대한 기독교 신앙의 영향력을 쇠퇴시킬 뿐만 아니라 과학자와 우리 문화의 많은 사람들 사이에서 기독교는 전혀 흥미롭지 않은 과거의 유물일 뿐이라는 시각이 만연해지도록 하는 것이다. 세상은 복음을 간절하게 필요로 한다. 그리스도인들은 그러한 세상을 향해 목소리를 내야 한다. 그러나 그들이 지구의 나이는 만 년이라고 계속 믿는 한 그들의 목소리는 진지하게 받아들여지지 않을 것이며, 상당 부분은 이미 그렇다.

교회가 젊은 지구론의 깃발 아래 모이면 모일수록, 과학주의가 더욱 편만해질 기회를 주게 되고 이는 우리 문화에 재앙이 될 것이다. 토드를 높이 평가하고 과학자로서 존중하게 된 만큼, 나는 젊은 지구 창조론을 포용하고 퍼뜨리는 그리스도인들이 과학계와 학문계 내에서 기독교가 설 자리를 잃게 만드는 데 영향을 끼치고 있다고 믿는다. 그리고 그러한 기관들이 문화 전반에 큰 영향력을 발휘하고 있기에, 젊은 지구 창조론 운동이 많은 이들에게 복음의 장벽이 되고 있다고 해도 지나치지 않다.

오늘날 과학자 집단이 왜 토드의 연구뿐만 아니라 그의 신앙까지도 일축해 버리는지는 쉽게 알 수 있다. 토드가 하는 일을 들여다보는 것조차 귀찮아하는 그들은, 아마도 그가 정말로 과학을 하는 것이 아니라고 생각할 것이며 그런 생각에 나 역시 일면 동의한다.

토드의 과학적 전문성을 의심하는 것이 아님을 기억해 주기 바란다. 그의 전문성은 나무랄 데 없다. 과학의 기술을 사용하여 다른 훌륭한 과학자처럼 가설을 세우고 그러한 가설을 뒷받침하는 증거를 찾기 위해 조사를 수행한다는 점에서 매우 논리적이다. 그러나 토드가 엄청난 양의 진화의 증거를 거의 부주의하다시피 무시해 버리는 방식만큼은 정말 문제가 있다. 만약 어떤 이론에 대해, 다른 모든 분야와 학문으로부터 제시되면서도 모두 같은 방향을 가리키고 전적으로 완전히 일치하는 압도적인 양의 증거를 무시한다면, 즉 이러한 압도적인 일단의 증거를 무시한다면, 더 이상 당신이 하는 일을 과학이라 말할 수 있을지 모르겠다. 흥미로운 일일 수는 있지만, 과학은 아닐 것이다.

나는 토드가 어째서 진화에 대한 방대한 증거를 받아들이고 신뢰하는 쪽으로 오지 못하는지 이해한다. 그는 성경의 모든 부분이 문자적으로 사실이라고 믿고, 그러한 믿음을 뒷받침하기 위해 과학의 도구를 사용하고자 한다. 그러나 그렇게 하려면, 어느 지점에서는 과학을 포기해야 하는데, 그는 바로 그렇게 한 것으로 보인다. 그는 과학이 내놓는 반론의 여지가 없는 증거보다 성경의 문자적 해석을 선택했고, 바로 그것이 과학자들이 그토록 쉽게 그의 과학뿐만 아니라 신앙까지도 일축해 버리는 이유다. 그리스도인이 아닌 과학자나 과학에 큰 영향을 받은 사회 구성원이 젊은 지구 창조론의 관점을 소개받는다면, 틀림없이 이렇게 말할 것이다. "그것이 그리스도인이 되기 위해 믿어야 한다면, 저는 그리스도인이 될 수 없겠네요." 공정하게 말하자면, 토드는 그리스도인이 되기 위해 반드시 젊은 지구 창조론자가 되어야 한다고 주장하지는 않는다. 그러나 더 넓은 과학 공동체 안에서 창조론은 거의 언제나 기독교와 연계된다. 실제적으로 이는 창조론을 거부하는 것이 근본적으로 기독교를 거부하는 것이라는 의미이며, 바로 그것이 대다수의 과학자가 선택한 입장이다. 나에게는 이것이 너무 안타깝고 불필요한 상황으로 보인다.

영국 개방 대학교(Open University) 물리학과 교수이며 진화를 수용한 그리스도인인 러셀 스태너드(Russel Stannard)는 이렇게 논평한다. "성경을 문자적으로 이해하는 근본주의 그리스도인들은 언제나 저를 불편하게 합니다. 한편으로, 그들은 성경을 깊이 존중하고 사랑하며, 이 점에 대해서는 나 역시 전적으로 높이 평가합니다. 그러나 그들의 입장은 과학적 증거를 역행하는 접근으로 보입니다.…창조론 운동은 여전히, 특히 미국에서 강력합니다. 안타깝게도 그들의 활동은 수많은 과학자들이 모든 종교를 경멸하게 만듭니다."[1]

창조론에 대한 토드의 믿음은 불신자에게 장애물이 될 뿐 아니라 신앙이 어린 많은 그리스도인들이 신앙을 떠나게 만든다. 나는 교회에서 하나님이 6일 만에 지구를 만드셨다고 배운 이들이 나중에 설득력 있는 진화의 증거와 마주하게 될 때 무슨 일이 일어나는지 지켜봐 왔다. 나중에 설명하겠지만 이것은 나에게도 정곡을 찌르는 이야기다. 많은 이들이 만약 이러한 성경적 '사실'에 대해 잘못 배웠다면 아마 기독교의 모든 이야기 또한 거짓말일 것이라고 결론짓는다. 나는 진리가 언제나 하나님을 가리킨다고 믿는다. 내게는 진화보다 더 확신할 수 있는 것이 별로 없다. 그것은 하나님이 지구 위의 모든 생명을 창조하기 위해 사용하셨고 계속 사용하시는 과정이다. 다른 한편으로, 참이 아닌 것은 궁극적으로 인류를 하나님으로부터 멀어지게 만든다. 나는 토드의 의도가 선하다는 것을 알고 그가 이런 나의 생각에 분명 동의하지 않는다는 것을 알지만, 궁극적으로 진화가 참이라는 사실은 반박할 수 없을 만큼 많은 증거가 뒷받침한다. 이런 가운데 다른 이들에게 참이 아닌 무언가를 납득시키려는 그의 노력은 교회와 교회의 증인에게 해를 끼치고 있다.

우리는 과학 시대로 더 깊이 진입하고 있으며, 거기서 뇌와 신경과학 그리고 윤리의 지뢰밭과 같은 다른 분야와 관련된 거대한 문제들을 직면하게 될 것이다. 예를 들면, 유전자 증강은 더 이상 과학 소설이 아니다. 인간 생명 공학은 유익한 방식과 해로운 방식 양쪽 모두로 사용될 수 있고, 바로 그것이 이러한 과학 분야를 둘러싼 윤리적 문제에 관한 한 예수님을 따르는 과학자들이 목소리를 낼 필요가 있는 이유다. 인간의 본질에 관한 우리의 이해는, 인간이 전능하신 하나님의 형상으로 창조된 것이 아니라 자연 선택이라고 불리는 35억 년 된 비인격적 알고리즘의 우연한 산물이라고 생각하는 과학계 대부분의 이해와는 크게 다르다. 그런 환경에서 기독교의 메시지가 존재하고 존중받을 수 있도록 젊은이들이 최고 수준의 과학자가 되도록 격려해야 한다. 만약 젊은 지구 창조론의 관점을 받아들인다면, 그들은 설 자리가 없을 것이다. 그들은 그들만의 공간에 머물 것이며, 따라서 더 큰 과학 세계에서 일어나는 일에 어떤 영향력도 미치지 못할 것이다. 또한 만약 교회에서 그리스도인으로 남기 위해서는 창조론을 받아들여야 한다고 가르친다면, 그들은 주저할 수도 있겠으나 결국 신앙을 떠날 것이다. 이미 주요 생물학자들은 대부분 무신론자이며, 만약 우리가 젊은 세대를 향해 그리 오래되지 시간 전에 창조된 젊은 지구를 믿어야 한다고 계속 말한다면, 그 학문은 기독교와 더 멀리 분리될 것이다.

맞다. 토드는 매우 헌신된 그리스도인이며 훌륭하게 훈련받은 과학자다. 나는 그가 창세기 1장의 문자적 해석을 절대적으로 뒷받침하는 과학적 증거를 찾는 탐구를 진행 중이며, 그것에 대해 분명 높이 살 만한 점이 있다는 것을 안다. 그러나 설사 그의 정직하고 과학을 기초로 한 접근이 그를 다른 젊은 지구 창조론자들이 하는 일과 구별한다고 해도, 그 결과는 동일하게 교회에 해가 된다.

## 연구와 묵상을 위한 질문

1. 전부는 아니더라도 많은 젊은 지구 창조론자들이 대럴과 진화론을 믿는 그리스도인들이 하는 일은 '사탄의 역사'라고 믿는다. 이것은 정당한 비판인가? 그 이유는 무엇인가?

2. 젊은 지구 창조론의 견해를 지지하는 것은 어떤 식으로 복음 전도를 가로막을 수 있는가?

3. 대럴은 창세기 1장의 문자적 해석을 받아들이려면 과학을 포기해야 한다고 믿는다. 당신은 과학과 성경에 대한 자신의 입장을 어떤 식으로 진술하겠는가? 과학이 성경과 모순되는 것처럼 보인다면, 이를 어떤 식으로 해결하겠는가?

4. 교회가 세상에서 증인의 임무를 좀더 잘 감당하기 위해 관점을 변화시켜야 할 다른 영역을 생각할 수 있는가? 설명해 보라.

5. 젊은 지구 창조론의 관점을 견지하면서 과학 분야에서 경력을 쌓고 싶어 하는 젊은이에게 어떤 조언을 해 주겠는가?

6. 목회자는 기원의 주제에 대해 성도들에게 어느 정도까지 영향을 주기 위해 노력해야 하는가? 설명해 보라.

## 막간 1: 정면으로 부딪힐 만큼 관심이 있다는 것

랍 배럿, 골로새 포럼

이러한 토론은 토드와 대럴에게 쉽지 않았다. 기원에 대한 견해를 토론하기 위해 처음 만나기 시작했을 때, 그들은 이런 식으로 서로 정면으로 부딪힐 수 없었다. 일반적으로, 그리스도인들은 자신에게 중요한 것과 자신의 신앙에 중대하다고 믿는 문제에 대해 첨예하게 의견이 갈릴 때, 두 가지 태도 중 하나를 취한다. 어떤 사람들은 선을 더 명확하게 긋고 자신에게 동의하지 않는 이들을 밀어낸다. 그런 뒤, 종종 선 안의 사람들과 선 밖의 사람들은 서로 논쟁적이 되거나 심지어 서로에게 사나워지기도 한다. 분명히 이러한 접근은 원수를 사랑하라고 말씀하시고 본을 보여 주신 예수님을 영화롭게 하는 태도가 아니다.

다른 이들은 의견이 대립하는 주제에 대해 언급하지 않는다는 무언의 합의를 한다. 차이가 드러날 것을 아는 부분에서 문제가 제기되면, 우리는 그러한 사안을 다루는 것이 우리를 해치고 관계를 해치고 교회를 해칠 것을 두려워하게 된다. 누구도 그런 것을 원하지 않으므로, 우리는 그 사안에 대해 말하기를 피한다. 마치 거기에 없는 것처럼 그 사안을 차단해 버리는 것이다. 이것은 '분열시키고 비판하는' 접근에 대한 실용적 대안이지만, 서로 사랑하라는 주님의 새 계명을 어기는 거짓된 공동체 의식을 만들어 낸다.

토드와 대럴 두 사람 모두는 첫 번째 선택을 할 수 없으며, 그렇다고 마치 의견 대립이 없는 척하기엔 그들의 정직한 품성이 허락하지 않는다. 그러나 그들이 서로를 향해 "당신은 틀렸고, 그것은 매우 심각한 문제예요"라고 말할 수 있기 전에, 먼저 그들의 관계가 자라고 서로에 대해 알아 가는 것이 필요했다. 사실 그렇게 된 후에도, 이러한 대화는 쉽지 않았다.

다른 사람을 이해하는 것은 단지 그들이 무엇을 생각하고 왜 그렇게 생각하는지 아는 것만으로는 부족하다. 우리의 생각은, 그곳에 이르기까지 거쳐 온 우리 자신의 이야기와 연결되어 있다. 두 사람 모두 어떻게 사랑 많은 그리스도인 가정에서 자랐고 소규모의 보수 복음주의 교회에 성실하게 출석했으며 과학에 대해 깊은 관심을 갖게 되었는지, 그럼에도 불구하고 지구가 어떻게 존재하게 되었는지에 대해 그토록 다른 결론에 이르게 되었는지는, 두 사람에게 그리고 나에게도 흥미롭게 다가왔다. 흥미진진한 이야기는 나눌 만한 가치가 있다.

# 3장

# 아름다운 세상, 아름다운 구세주

토드 우드

과학과 탐구, 발견에 대한 열정을 어디서 얻게 되었는지 모르겠다. 때로 사람들은 어릴 적 자신에게 찾아왔던 깨달음의 순간을 회상하기도 한다. 갑자기 하늘이 열리고 천사들이 노래하기 시작하고 하나님의 부르심이 하늘로부터 내려오는 순간 말이다. 나에게 그런 일은 일어나지 않았다. 다만 나는 늘 과학이 좋았다.

어쩌면 할아버지 탓인지도 모르겠다.

가장 어린 시절 과학에 대한 기억은 일곱 살인가 여덟 살 때다. 할아버지는 트럭 뒷좌석에 오래된 책 한 꾸러미를 싣고 우리 집 주차장으로 들어오셨다. 그 책들을 어디서 구하셨는지는 모른다. 아마도 유품 정리 세일이지 않았나 싶다. 내가 기억하는 전부는 먼지로 뒤덮인 해부학 교과서를 발견하고서 내가 갖겠다고 했다는 것이다. 그 책은 로건 클렌더닝(Logan Clendening)의 『인간의 신체』(*The Human Body*)였다. 내용은 당시 내 나이의 지적 수준을 넘어서는 것이었지만, 그림은 그렇지 않았다. 결국 신체 주요 골격의 이름을 다 외워 버릴 정도로 그 책을 탐독한 기억이 난다. 모두 5학년이 되기 전에 일어난 일이다.

이렇게 뼈에 대한 나의 이상한 집착이 시작되었다.

나는 중서부 시골, 그것도 들판과 나무, 개울과 습지로 둘러싸인 농장에서 자라는 복을 누렸다. 다른 아이들이 방과 후에 축구공을 차러 갈 때, 나는 우리 집 밖에 있는 가상 생물학 실험실을 샅샅이 탐험하면서 언제나 뭔가를 찾고 있었다. 바로 뼈였다. 동네에 살던 농장의 고양이 떼에서 고양이 뼈 몇 개를 발견한 뒤로, 나는 소소한 수집을 시작했다. 사슴 뼈, 심지어 돼지 머리뼈까지 발견하면서 내 수집품은 점점 늘어 갔다. 어머니는 내가 이런 '더러운 물건들'을 집 안에 보관하는 것을 허락하지 않으실 게 분명했기에, 외부 헛간에 보관해야 했다.

나는 이 뼈들이 전혀 더럽게 느껴지지 않았다. 그 뼈들은 무언가가 어떤 식으로 작동하는지에 대한 소년의 호기심을 만족시켜 주는, 동물 왕국의 매혹적이고 아름다운 조각들이었다. 서로 완벽하게 들어맞는 복잡한 조각들은 그 동물이 (더 나았던 시절에) 먹이나 쉴 곳을 찾아 질주하거나 깡충깡충 뛰거나 기어갈 수 있게 해 준다. 다른 사람들에게는 이상하게 보였을지 모르지만, 이 아이는 뼈에 매료되었다. 당신에게도 이상하게 보일 수 있다. 그러나 나에게는 전혀 이상하지 않았다.

나는 아직도 이 뼈들 중 많은 것들을 가지고 있고, 지금은 연구실에 보관하고 있다. 아름다운 고양이 두개골과 우둘투둘한 오래된 말 뼈, 그 외에도 나중에 추가한 다른 뼈들 몇 개가 있다. 그중 과학 표본으로서 가치가 있는 것은 하나도 없지만, 나에게는 많은 의미가 있다. 내 어린 시절과, 과학에 대한 사랑이 내 안에 정말로 얼마나 깊이 배어 있는지를 상기시켜 주기 때문이다.

『인간의 신체』를 읽기 시작할 무렵, 나는 막 싹트기 시작한 과학자 역할을 꽤 진지하게 생각하기 시작했고, 내 방문에 '토드 우드 박사'라는 종이 명패를 걸어 두었다. 아마 내가 더 나쁜 것들에 빠질 수도 있음을 아셨던 나의 부모님은 과학에 대한 나의 포부를 응원해 주셨다. 열 살이던 해의 크리스마스에, 부모님은 내 종이 명패를 전문적으로 제작한 플라스틱 표지판으로 바꾸어 주셨다. 수년 뒤 내가 공식적으로 박사가 되었을 때에는 훨씬 더 좋은 명패를 선물해 주셨지만, 나는 아직도 그 작은 플라스틱 명패가 더 좋다.

앞서 말한 것처럼, 나는 과학에 대한 나의 열정이 어디서 왔는지 정말로 잘 모르겠지만, 내가 과학자가 되도록 준비시켜 준 것에 대해서는 기억할 수 있다. 바로 고등학교 영어 수업이다. 앞뒤가 안 맞게 들릴 수도 있지만, 나는 고등학교 선생님들에게서 정말 중요한 기량을 배웠다. 한 학기 내내 수업에서 학기말 리포트 쓰는 법을 배우던 것이 생생하게 기억난다. 친구들 대부분은 싫어했지만, 나는 책과 잡지를 가장 많이 소장한 시내의 큰 도서관에 가서 주제에 대해 자료를 조사하고 기록한 뒤 그것을 바탕으로 하나의 이야기를 써 내려가는 것에 대한 계획 전체에 사로잡혀 있었다. 지하 기록 보관소에서 발견한 오래된 참고 도서에 지나치게 흥분했던 것 같기는 하지만, 나는 정말로 그 과정을 즐겼다. 정보를 쫓아가면서 참고 문헌을 추적하는 것은 이상하게도 중독성이 있었다. 그 해, 나는 흥미로운 주제에 관한 논문들을 잔뜩 복사한 자료 파일을 보관하기 시작했다. 당시 나는 열다섯 살이었다.

영어 수업에서는 신중하고 비판적으로 사고하는 법을 배우기 시작했다. 영어 수업에서는 이야기 하나도 그냥 읽고 넘어갈 수 없던 것을 다들 기억할지 모르겠다. 선생님들은 언제나 우리가 읽은 것에 대한 질문들을 숙제로 내주셨다. 그 질문들은 이야기의 상징법이나 의미에 대해 묻기 마련이었고, 나는 그런 질문들을 골칫거리로 느꼈다. 그런데 바션 선생님의 영어 수업을 들으며 마침내 불이 번쩍 들어오는 것 같은 순간이 내게도 찾아왔고, 비로소 그 질문들에 어떻게 답해야 할지 이해하기 시작했다. 누군가 말해 주기 전, 스스로 상징주의를 발견하기 시작했다. 내가 읽은 것을 해석하기 시작했다. 선생님들이 수년 동안 나에게 가르치려고 노력한 모든 기술이 마침내 가을 학기에 결실을 맺었다. 드디어 나는 **사고할** 수 있었다.

나는 언제나 과학자가 되고 싶었지만, 어떻게 되는지에 대해서는 아무것도 몰랐다. 뼈를 수집하는 특이한 아이에서 어떻게 실제로 진짜 과학자가 될 수 있는지 말이다. 고등학교를 졸업할 무렵, 대학 진학을 고려하면서 나는 과학자가 되는 가장 좋은 길은 일단 학부를 졸업한 뒤 과학 교사로 몇 년 일하면서 대학원에 진학할 돈을 모으는 것이라고 결정했다. 아는 과학자라고는 한 명도 없었고, 과학 분야에서 어떻게 경력을 쌓는지에 대해서도 정말 아무것도 몰랐다. 그러나 나는 그리스도인이었기 때문에 창조론자로서 과학을 연구하고 싶었다.

나에게 신앙은 숨 쉬는 것처럼 자연스러웠다. 나의 부모님은 우리가 출석하던 침례교회의 창립 위원이셨다. 다섯 살 때 나는 내 삶을 그리스도께 바쳤고, 세상과 그 안에 있는 모든 것이 어떻게 존재하게 되었는지에 대해 한 번도 의심해 보지 않았다. 모든 것은 하나님이 창조하셨다. 바로 그것이 성경이 말하는 바였고, 나의 교회가 나에게 가르친 내용이었다. 그것에 대해 의문을 가질 이유는 없었다. 수많은 젊은 그리스도인들이 자신의 신앙에 대해 큰 실존적 위기를 겪고 있으며 특히 오늘날에는 더욱 그렇다는 것을 알지만, 나는 한 번도 그런 적이 없었다. 하나님이 진짜로 계시며, 내가 그분의 것이라는 사실을 그냥 알았다.

대학에 진학할 때가 되었을 때, 부모님은 내가 2년제 기독교 대학에 다니길 바라셨지만, 나는 4년제가 더 낫겠다고 생각했다. 그래서 나는 리버티 대학교에 진학했고, 거기서 '진짜' 과학자로 성장하면서 창조를 믿는 다른 많은 진지한 과학자들이 있음을 알게 되었다. 어릴 때 유일하게 창조론을 접한 것은 부모님의 『창세기 홍수』(*The Genesis Flood*)와 『능숙하고 멋진 진화론 반박서』(*The Handy Dandy Evolution Refuter*)라는 책을 통해서였다. 학술 저널은 본 적이 없었기 때문에, 리버티 대학교에서 정기 간행물실을 발견했을 때에는 죽어서 천국에 온 기분이었다. 그것은 진짜 도서관이었고, 저널은 잡지나 신문보다 훨씬 훌륭했다! 그 방에서 나는 창조과학협회(Creation Research Society)를 처음 알게 되었다. 그런 기관이 존재하는 줄 전혀 몰랐다. 그렇게 해서 나는 젊은 지구 창조론이라는 넓은 세계에 들어가게 되었다. 리버티 대학교는 내가 창조론자들이 믿는 어떤 것들에 대해 매우 조심스럽게 생각하기 시작한 곳이기도 하다. 기독교 가정에서 자란 모든 학생과 마찬가지로, 나 또한 지적 위기를 몇 차례 겪었다. 그것을 위기라고 지칭하지만, 아마 그 단어는 너무 지나친 중요성을 부여하는 것일 수도 있다. 더 나은 단어는 퍼즐일 것이다. 첫 번째 퍼즐은 공룡 서식지와 그것이 어떻게 형성되는지에 관한 것이었다. 나는 존 호너(John Horner)의 『공룡 발굴』(*Digging Dinosaurs*)을 읽으면서 공룡 서식지가 동일한 지대에서 여러 층으로 발견되었다는 것을 알게 되었던 기억이 난다. 전 지구적 홍수 동안 어떻게 그런 일이 일어날 수 있었는지 이해가 되지 않았다. 홍수로 잠겨 버렸다면 서식지가 하나의 층에서 발견되는 것이 앞뒤가 맞는 것처럼 보였다. 그런데 어떻게 홍수 **동안** 공룡이 돌아와서 서식지를 더 만들 수 있었다는 것인가? 이해가 되지 않았다.

다른 퍼즐은 홍수 이전의 세상에 대한 오랜 창조론자들의 개념인 '수증기층 이론'(vapor canopy theory)에 대한 학기말 리포트를 쓰면서 떠올랐다. 이 주제에 대한 자료가 부족한 것에 실망했던 기억이 난다. 나는 수증기층에 관해 들은 바가 있었고, 홍수 전 수증기층의 역할로 추정되는 것들에 대해 많이 알고 있었다. 그러나 도서관에서는 그것에 관한 자료를 거의 찾을 수 없었다. 다른 학생이라면 주제를 바꿀 법도 했지만, 나는 고집을 부려서 형편없는 리포트를 제출했다. 결국 C학점을 받았다.[1]

이런 종류의 위기에 부딪혀 내리막길로 치달은 다른 많은 학생과 달리, 나는 신앙이나 창조론에 대한 믿음에 대해 정말로 의심해 본 적이 없다. 창세기에 기록된 것이 틀릴 수 있다는 생각은 전혀 들지 않았다. 대신, 내가 홍수를 이해했던 방식이 그저 순진했으며, 공룡 서식지 퍼즐에 대한 답은 결국 찾게 될 것이라고 생각했다. 엉터리 수증기층 이론은 창조론의 일부가 제대로 증명된 연구 조사가 아닌 민간전승에 집착한 것임을 이해하도록 도와주었다. 나는 창조론자들이 더 나은 과학자이자 학자들이 될 필요가 있다고 확신하게 되었다. 우리는 하나님의 창조를 더 잘 이해하기 위해 연구하고, 우리의 연구를 더 잘 입증해야 했다.

리버티 대학교에서 학위를 받은 뒤, 과학 교사라는 직업은 완전히 포기했다. 놀랍게도 리버티의 한 교수님이 학비 없이 과학 분야 대학원에 곧바로 진학할 수 있게 해 줄 연구 장학금이라고 부르는 것에 관해 말씀해 주셨다. 진짜라고 믿기엔 너무 좋게 들렸지만, 일단 나는 지원했고 리버티를 졸업한 지 한 달 만에 진화생화학을 공부하기 위해 버지니아 대학교에서 박사 과정을 시작했다. 거기서 훌륭한 과학자들과 함께 공부했는데, 그중 많은 수는 내가 리버티에서 학부 과정을 거쳤다는 것을 들으면 의아해하곤 했다. 대학원은 나의 사고에 엄청난 도전을 주었고, 그곳에서 배운 것은 내가 5학년짜리 어린이 뼈 수집가로서 이해하던 차원을 훨씬 뛰어넘을 수 있게 해 주었다.

첫 학기 수업에서 단백질 진화에 대한 강의를 들으며 앉아 있을 때, 나의 세계가 정말로 뒤흔들렸던 것을 기억한다. (여기서 잠깐 전문적 내용을 말할 텐데, 다음 몇 문단을 대충 건너뛰거나 내가 무슨 말을 하는지 정확하게 이해되지 않더라도 상관없다.) 나는 이미 단백질이 아미노산이라 불리는 스무 개의 다른 화학 물질로 구성된 띠이며, 아미노산 순서나 서열이 단백질의 기능을 결정한다는 것을 알고 있었다. 단백질이 무슨 일을 하냐고? 거의 모든 일을 한다. 몸 안에서 어떤 화학적 반응이 일어날 때(예를 들어 음식물 소화나 근육 수축, 생각 같은) 그것을 통제하는 하나 혹은 그 이상의 단백질이 있다.

단백질 진화에 대해 들었던 이 수업에서 교수님은 우리가 다른 종으로부터 동위 단백질을 채취하여 그 서열을 비교할 수 있다고 설명하셨다. 예를 들면, 생쥐에게는 네 개의 아미노산 서열로 이루어진 헤모글로빈이라 부르는 단백질이 있다. 이것을 들쥐에게서 채취한 헤모글로빈 서열과 비교하면, 둘은 놀라울 정도로 유사하지만 완전히 일치하지는 않는다. 이 지점에서는 별로 놀라지 않았는데, 생쥐와 들쥐는 둘 다 포유류이고 따라서 유사한 단백질을 가질 것이라고 예상할 수 있기 때문이다.

교수님은 이어서 유사한 단백질 쌍에서 발견되는 차이들을 도표화할 수 있다고 설명하셨다. 예를 들어 헤모글로빈의 경우, 생쥐는 한 지점에서 세린이라 부르는 아미노산을 갖는데, 들쥐는 바로 그 자리에 트레오닌이라는 아미노산을 갖는다. 그리고 유사 단백질 쌍의 모든 차이를 대조하다 보면, 이 차이가 무작위가 아니란 것을 알게 된다. 심지어 진화 도표를 계산할 수도 있는데(미안하지만 완전히 지어낸 도표다), 이는 아미노산이 얼마나 유사한지는 거의 동일한 서열에서 그것이 얼마나 일치하는가에 기초한다는 것을 보여 준다. PAM(Point Accepted Mutation) 매트릭스라 부르는 이 도표를 사용하여, 우리는 인간과 박테리아 사이의 단백질 유사성을 곧바로 확인할 수 있다.[2]

'와, 이건 진화의 훌륭한 논증이고, 여기에 어떻게 답해야 할지 잘 모르겠는걸?'이라고 생각했던 기억이 난다. 나는 생물들이 유사한 것은 공통의 디자이너이신 하나님이 그들을 그런 식으로 만드셨기 때문이라는 생각에 항상 머물러 있었다. 디자이너는 그가 만든 다른 작품들 안에 언제나 공통의 특징을 남긴다. 그렇지 않은가? 그 단백질 진화 강의를 들으면서, 나는 유기체의 유사성이 내가 생각하던 것보다 훨씬 더 정교하고 복잡하다는 것을 깨달았다. 단백질 간의 유사성을 관찰함으로써, 우리는 단백질이 유사할 수 있는 방식들을 예측할 수 있었다. 그것은 『능숙하고 멋진 진화론 반박서』를 훨씬 뛰어넘는 수준이었다.

진화에 대해 더 많이 배울수록, 내가 창조론에 대해 알았던 많은 것이 진화의 증거를 완전히 설명하지 못한다는 것을 알게 되었다. 가장 좋게 보아도, 젊은 지구 창조론은 설명을 구축해 가기 위한 뼈대를 제공하는 정도였다. 최악의 경우, 내가 들었던 일부 창조론자들의 주장은 완전히 틀린 것이었다. 만약 그때 누군가 나에게 PAM 매트릭스를 창조론 관점에서 설명하라고 했다면, 나는 하지 못했을 것이다.

다시 한번, 그러한 도전들은 나를 낙담시키지 못했다. 그리고 여전히 그렇다. 하나님과 그분의 말씀에 대한 나의 신앙은 여전히 흔들리지 않으며, 과학은 하나님의 창조 세계를 탐구할 수 있는 가장 좋은 방법이기 때문에 여전히 나는 과학을 사랑한다. 과학은 우리가 자연 세계를 이해하고자 노력하는 방법이다. 성경이 창조에 대해 절대적 진리를 말해 주기는 하지만, 자연 세계에 대한 세부 설명은 그리 많이 제공하지 않는다. 그러한 세부 사항을 이해하고 싶다면, 단백질이 어떻게 생겼는지 알고 싶다면, 과학을 사용해야 한다.

이는 PAM 매트릭스와 관련해 무엇을 의미하는가? 이 주제에 대해 지난 20년간 숙고한 나는 이제 진화론의 논지가 단지 위아래를 뒤바꿔 놓았을 뿐이라고 생각한다. 수업 시간에 나는 아미노산 치환을 단기적으로 추적하는 것이 수십억 년의 진화 기간에 걸쳐 어떤 종류의 치환이 용인될 수 있는지를 결정한다는 것을 배웠다. 그러나 답이 그 반대라면? 만약 하나님이 처음부터 단백질의 다양성을 창조하시기 위해 사용하신 설계 원리가 단기적으로 어떤 종류의 아미노산 치환이 용인되는지 결정하는 것이라면? 그것이 단백질 유사성과 관련된 모든 것을 설명하지는 못하지만, 일리가 있다. 출발점이 되는 것이다.

창조론자로서 나는 하나님이 창세기에 계시하신 역사의 윤곽을 이해하고 있다고 확신한다. 만약 창조 이야기가 진짜라면, 즉 지구가 수천 년 전에 형성되었고 전 지구적 홍수가 일어났었다면, 우리는 자연 세계에서 보는 것을 해석하는 데 그러한 생각을 사용할 수 있어야 하고, 궁극적으로 창조 과학은 어떤 진화 과학보다 더 잘 작동해야 한다. 우리는 그저 창세기가 창조 세계 뒤에 남겨진 증거와 어떻게 연결되는지에 대한 세부 사항만 알아내면 되고, 나는 과학을 사용하여 그것을 알아내고자 한다. 이것은 하나님의 창조 세계를 이해하기 위해 하나님이 나에게 주신 것을 사용할 수 있기 때문에 정말 신나는 일이다. 이제 내 삶을 돌아보면서 하나님이 자신의 창조 세계와 궁극적으로는 창조주 자신을 이해하기 위한 이 멋진 탐험으로 나를 어떻게 이끌어 오셨는지 알 수 있다. 공부를 하면 할수록, 하나님과 그분이 창조하신 세상에 더욱 감탄할 뿐이다!

**연구와 묵상을 위한 질문**

1. 토드는 작은 시골 마을에서 자랐고 작고 보수적인 교회에 다니면서 기원에 관해 배운 것에 대해 한 번도 진지하게 질문해 본 적이 없었다. 당신은 어떤가? 지금 당신이 기원에 대해 믿는 것은 어떤 과정을 통해 알게 되었는가?

2. 당신에게 중요한 뭔가에 대해 생각을 바꿔 본 적이 있는가? 바꾼 적이 있다면, 어떤 요인이 그런 변화에 영향을 주었는가? 바꾼 적이 없다면, 당신의 생각에 대한 도전들을 피할 수 있었던 이유는 무엇이라고 생각하는가?

3. 대럴은 젊은 지구 창조론 관점을 가지고 있던 많은 젊은이들이 진화의 증거를 접하게 되면 신앙을 포기하거나 적어도 심각한 회의를 겪는다고 말한다. 이런 일이 일어나는 경우를 본 적이 있는가? 토드에게는 이런 일이 왜 일어나지 않았다고 생각하는가?

4. 교회가 어린 자녀들이 공립 고등학교나 대학교와 같은 세속적 환경에서 신앙을 지키고 그리스도 안에서 성장해 가도록 더 잘 준비하려면 무엇을 할 수 있겠는가?

5. 기원에 대한 관점은 당신의 신앙에서 어느 정도로 중요한가? 만약 기원에 대한 당신의 관점이 틀렸음을 확신할 수 있다면, 그것은 당신의 신앙에 어떤 영향을 미치겠는가?

# 4장

# 사실일 리 없을 만큼 좋은

대럴 포크

토드보다 내가 나이가 약간 더 많다는 것과 캐나다 서부에서 자란 것만 빼면, 나의 유년기는 많은 면에서 그와 비슷하다. 나는 네 살 때 예수님께 내 마음을 드렸다. 식료품 가게에서 훔친 복숭아를 먹다가 누나한테 들킨 후였다. 내가 기억하는 가장 어린 시절 두 장면 중 하나는 부엌 의자 옆에 무릎을 꿇고 앉아 울면서 예수님께 복숭아를 훔쳐서 실망시켜 드려 죄송하다고 말하면서 용서를 구하고 내 마음속에 그분이 들어오시도록 초청했던 것이다. 그것은 진지한 회심 사건이었고, 나는 그리스도께서 중심 되신 나의 가정과 교회 가족들, 특히 예수님과의 관계를 사랑하며 자랐다. 밤마다 형과 나는 침대 옆에 무릎을 꿇고 기도했고, 그러다가 잠이 들어 부모님이 우리를 침대에 눕혀 주셔야 했던 적도 많았다.

하나님이 친밀하게 나를 돌보신다는 생각, 천국에 대한 모든 기대는 나에게 아름다운 개념이었다. 무엇보다 가족과 교회 안에서 나의 삶은 기쁨, 행복, 사랑으로 가득했다. 오래된 나의 나사렛 교회 찬송집에는 "주의 팔에 그 크신 팔에 안기세"라는 가사가 나오는 찬송이 들어 있었는데, 그것은 내 유년기에 딱 들어맞는 묘사다. 나는 거의 완벽한 가정과 교회 생활을 누렸다.

그러나 의구심이 있었다. 나는 교회와 가족 외에 진지한 그리스도인으로 살아가는 사람을 거의 알지 못했다. 만약 내가 다른 가정에서 태어났다면 아마 하나님을 믿지 않았거나 적어도 그분이 나의 삶과 상관있다고 믿지 않았을 것 같다고 나는 생각했다. 만약 인도에서 자랐다면 아마 나는 힌두교인이었을 것이다. 세상 대부분의 사람들과 달리 내가 운 좋게도 올바른 종교적 환경에서 태어났을 가능성은 얼마나 되었을까? 과학과 성경의 갈등처럼 보이는 다양한 경험과 함께 이러한 생각은 점점 악화되었다.

예를 들면, 열한 살 때 신약을 통독하던 중 요한계시록에서 천사가 "[지구의] 네 모퉁이"에 서 있다는 부분을 읽었는데, 나는 그것이 사실일 리 없음을 알았다. 지구는 둥글기 때문이다. 이것은 정말로 나를 괴롭혔다. 결국, 성경은 하나님의 말씀이다. 어떻게 하나님이 그분의 말씀에서 그런 세부 사항을 틀리실 수 있는가? 그다음, 중학교 2학년 때 사회 교과서에서 진화론을 처음 접했다. 나는 선행 인류의 생김새로 추정되는 그림들과 그들이 점점 인간답게 변화되는 과정을 보여 주는 연표를 보았다. 과학자들은 하나님의 말씀이 인간의 기원에 대해 말해 주는 것과 부합하지 않는 뭔가를 말하고 있었고, 지구에서 발견된 화석을 함께 제시했다. 이 과학자들은 정말로 똑똑했다. 그들이 전부 틀리고 성경이 맞는 걸까? 부분적으로는 이러한 의심에 완전히 붙들리지 않고 나의 질문들에 대한 답이 앞으로 주어질 것이라는 믿음을 발휘함으로써 나는 그 시절을 잘 버텼다. 그 학년을 마칠 때 참석한 여름 캠프에서 나는 중학교 1학년생 몇 명과 친해졌다. "2학년 사회 수업은 너희의 기독교 신앙에 정말 힘든 시간이 될 거야." 나는 그들에게 말했다. "이다음 해를 잘 버티고 너희의 신앙을 온전하게 지킬 수 있다면, 정말 잘하는 거야." 어쨌든 나는 잘 버텼고, 그리스도에 대한 나의 헌신은 여전히 강력했다. 하나님이 진짜인지 확실히 알기를 갈망하기는 했지만 말이다. 나는 어떤 확신을 열망했다. 어느 여름 이른 아침, 침대에 누워 있는데 의심이 부풀어 올랐다. 나는 기도하는 마음으로, 하나님이 진짜라면 내 방 창문 바깥에 있는 벚나무의 나뭇잎이 흔들리게 해 주셔서 그것을 보여 달라고 했다. 나뭇잎은 흔들리지 않았다. 나는 찬양 가사가 그토록 감동적으로 말하듯 "주가 나와 동행을 하면서" 말씀하시는 하나님이 정말로 계시는지에 대한 의심을 한 번 더 억눌러야 했다. 하나님이 계시는 것이 사실이고 단지 내 상상이 아니라면, 그분은 분명 나를 확신시켜 주시기 위해 벚나무를 흔들리게 하실 수 있었다. 그러나 그렇게 하지 않으셨다. 그래서 나의 씨름은 고뇌를 가져오기는 했지만, 나는 여전히 하나님을 믿는 쪽을 강력하게 선택했고 그분을 위해 살기를 갈망했다. 나는 곧 그것을 더 잘 이해하게 될 것이라고 생각했다. 탐구적이고 분석적인 성격을 가진 나로서는 쉽지 않은 일이었지만 말이다. 진심으로 와닿지 않는 생각을 그냥 무시하기란 힘든 일이었다. 나는 하나님이 진짜라는 것을 필사적으로 알고 싶었고, 그런 딜레마에서 벗어나는 유일한 길은 그에 관해 생각하지 않는 것뿐이라는 사실에 좌절했다.

가족이나 교회 공동체에서는 누구도 이런 나의 씨름에 대해 알지 못했다. 나는 그러한 사실을 유년기 후반부와 십대 시절 내내 비밀로 했는데, 부분적으로는 아무도 내가 이미 알지 못했던 어떤 안도감을 주는 말을 할 수 없을 것이라고 확신했기 때문이다. 하지만 불행하게도 나는 만약 내가 하나님께 아무도 모르게 하나님이 진짜이며 내 상상의 산물이 아님을 구체적인 방식으로 보여 달라고 구하던 시간이 있었음을 누군가가 알게 되면, 많은 사람들이 나와 그리스도인으로서의 나의 여정을 폄하할까 봐 염려했다.

토드와는 달리, 나는 과학에 매료되었다는 의미에서 과학 괴짜는 정말로 아니었다. 내가 다니던 학교에는 천문학이나 전기학, 화학에 대해 박식한 아이들이 꽤 있었지만, 나는 아니었다. 나는 소질은 없었지만, 스포츠를 좋아했다. 많은 시간을 야구 카드 모음집에서 선수들의 기록을 분석하며 보냈고, 중학교 농구팀에 들어가 언젠가 스타 농구 선수가 되는 것이 꿈이었다. 나와 가장 친한 친구는 프로 골프 선수가 되고 싶어 했고, 그의 계획은 골프를 치지 않을 때에는 전 세계를 돌아다니며 신앙 부흥 집회에서 설교하는 것이었다. 우리의 영웅은 그리스도인 운동선수였고, 우리도 그들처럼 되기를 꿈꿨다. 학년이 올라가면서 나는 내가 분석적 학문을 좋아한다는 것을 알게 되었고, 어쩌면 회계사나 공학자가 될 수도 있겠다고 생각했다. 과학 과목 중에서 물리는 좋아했지만, 생물은 가능한 한 멀리하려고 했다. 거기는 진화가 지배하는 곳이었고 나는 신앙을 파괴하는 그러한 의심들을 싫어한다는 것이 큰 이유였다.

대학에 진학할 때가 되었을 때, 나는 당연히 기독교 대학에 가고자 했다. 기독교 대학은 나의 신앙을 강화시켜 주고, 회의론자가 아닌 그리스도인으로서 어른으로 원만하게 진입하도록 도와줄 공동체로 이끌어 줄 것이라고 생각했다. 당시 캐나다에는 기독교 인문대학이 없었고, 그렇다고 미국 기독교 대학의 학비는 부모님이 감당하기에 너무 비쌌다. 나는 얼마간의 학점을 딴 뒤 다른 학교로 편입할 수 있도록 캐나다 나사렛 대학이라는 성경 대학에 등록했다. 계획은 그 학교를 1년 정도 다니는 것이었지만, 미국의 기독교 대학으로 편입할 수 있기를 바라면서도 한편으론 결코 그 학비를 감당할 수 없으리란 것을 잘 알았다. 하지만 이런 나의 계획에서 가장 좋았던 부분은 바로 그 대학에서 아내 조이스를 만났다는 점이다. 물론 대학은 성경에 대한 지식과 이해도 강화시켜 주었다.

기독교 대학에 편입하려던 바람과 달리, 결국 밴쿠버 근방의 한 일반 대학교에 가게 되었다. 성경 대학에서 4년제 대학교로 편입하면서, 나는 의사가 될 수도 있겠다고 생각했고 따라서 진화론에 대한 걱정을 하긴 했지만 생물학 수업을 듣게 되었다. 나중에 알고 보니, 타이밍이 이보다 더 좋을 순 없었다. 그때까지 생물학은 분석적이기보다는 서술적이어서 내 관점에서는 그저 의사가 되기 위한 필수 과정일 뿐이었다. 그러나 생물학 분야는 급변하는 중이고, 좀더 분석적 학문이 되어 가고 있었다. 유전자 코드가 막 발견되었고, 이러한 발견은 과거에 대체로 야구 통산 기록 같은 문제나 성경에 대한 의문점을 상세히 정리하는 데 사용했던 나의 분석적 정신을 사용할 기회를 가져다주었다. 그러나 유기체를 형성하기 위해 코드가 작동하는 방식은 근본적으로 나를 매료시켰다. 나는 더 많은 것을 알고 싶어 했고, 그것을 위한 가장 좋은 방법은 더 많은 생물학 수업을 듣고 진로 목표를 의사에서 과학자로 변경하는 것이었다.

이 시기 동안, 나의 신앙은 여전히 굳건했다. 나는 막 조이스와 결혼했고, 성경 대학에서 보낸 시간과 교회학교에서 교사로 가르치는 일은 나를 영적으로 건강하게 지켜 주었다. 과학도로 내가 지켜보았던 생명의 과정들은 너무도 섬세하고 아름다웠기에, 설령 그것이 진화를 통해 창조되었을지라도(그리고 그때 나는 그에 대해 상당히 확신하게 되었다) 그러한 과정은 하나님의 것이고 하나님의 통제 아래 있어야만 했다. 매우 놀랍게도, 생물학 쪽으로 간 것은 나의 신앙을 강화하고 풍요롭게 해 주었다. 이제 나는 성경과 과학 간의 명백한 갈등은 우리의 해석적 한계 때문일 가능성이 높다는 것을 이해할 준비가 훨씬 더 잘 되어 있었다. 그토록 놀라운 뭔가가 창조되기 위해서는 하나님이 존재할 수밖에 없다는 것이 그냥 이해되었다.

그러나 앨버타 대학교에서 이후 대학원 과정을 밟으면서 상황이 달라졌다. 우리는 훌륭한 교회에 소속되어 있었고 그리스도인 친구들이 많이 있었지만, 나는 학문 공동체의 일부가 되는 것, 특히 젊은 유전학자로서 경험하고 있던 성공에 도취되었다. 당시 유전학에서 큰 의문은 유전자의 정보가 어떻게 수정된 난자의 이중가닥 DNA 분자로부터 섬세하게 상호작용을 하는 모든 부분으로 이루어진 완전한 성체 유기체를 만드는 과정으로 전달되는지였다. 나는 나만의 작은 영역에서 지식을 증가시켜 주는 실험들과 아무도 몰랐던 이 광범위한 질문에 대해 작은 것들을 알아 가는 것이 좋았다. 나는 그 일을 잘했고, 거기에 매료되었다. 우리는 흥미진진하게 이러한 수 세대에 걸친 엄청난 신비의 핵심 부분에 답하기 위해 필요한 도구를 흥미진진하게 엿보기 시작하고 있었다. 생명은 어떻게 전개되는가? 성공한 유전학자가 되는 목표를 가지고 유전학을 연구하는 것이야말로 나에게 가장 중요한 일이 되었다.

동시에 나는 그동안 자라면서 내게 중요하다고 배웠던 것들을 일부 포기하고 있었다. 이전에는 영화를 보러 가지 않을 합당한 이유가 있다고 느꼈다. 그것은 거룩한 생활, 하나님을 추구하는 것을 중심으로 삼는 삶으로 이끌어 주지 않기 때문이다. 완전히 다른 가치 체계를 향해 추동되는 사업에 마음을 뺏기지 않는 것이 최선이라고 느꼈다. 또한 남용되는 경우를 보았기 때문에, 음주를 피하는 것도 합당한 이유가 있다고 믿었다. 그러나 나의 새로운 환경에서는 누구도 그런 식으로 생각하지 않았고, 결국 맞든 틀리든 나도 그러한 환경을 따라가게 되었다. 또한 나는 나의 학문 공동체에 상당히 만족했는데, 내가 아는 한 그들 가운데 그리스도인은 아무도 없었다. 5년간의 대학원 과정과 3년의 박사 후 연구 과정을 보내는 동안, 나는 어떤 그리스도인 화학자도 만나지 못했다. 대학원 후반부와 박사 후 연구 과정 초기에 나는 성경 공부와 기도를 점점 더 불규칙하게 했고, 마침내 내 삶의 그러한 측면을 완전히 포기하고 말았다. 내가 느끼기에 그리스도인의 삶은 사랑에 대한 예수님의 가르침에 근거하고 있으므로 그렇다면 그저 친절한 사람으로 살면 되는 것 아닌가 싶었다. 그 때문에 하나님이 존재하는지 아닌지는 더 이상 중요하지 않았다. 또한 동료 생물학자 중에 하나님의 존재를, 생명을 설명하는 근거로 삼는 것에 헌신한 사람은 없었기에, 나 역시 그 문제를 거의 그냥 넘어갔다.

신앙을 떠난 것에 대해 재고하게 된 것은 첫 번째 박사 후 연구 과정을 반쯤 지날 때였다. 그때 우리는 가족이 늘어 두 딸을 두고 있었다. 나는 거의 공황 상태에 빠져 생각하기 시작했다. "나는 나에게 중요했던 모든 것을, 한때 가졌던 모든 목적과 의미를 던져 버렸어. 모두 지금 내가 살고 있는 학자로서의 삶을 위해서 말이야. 이제 내게는 두 딸이 있는데, 과연 현재의 이런 삶이 내가 나의 가족을 위해 원했던 것일까?" 또한 나는 유전학자로서의 나의 일에 대해서도 질문하기 시작했다. "만약 내가 실패한다면? 내가 바랐던 대로 되지 않는다면? 그때 나는 어디를 바라봐야 할까?" 나는 내가 정말로 풍요로운 무엇인가를 떠났음을 깨달았고, 그것을 더 좋은 무언가로 대체했다고 확신해야 했지만 그렇지 않다는 결론을 내렸다.

전에 성경을 배우면서, 나는 사도 바울이 아레오바고에서 헬라인들과 토론한 것에 대해 알고 있었다. 그들은 새로운 생각에 대해 토론하는 일로만 세월을 보냈지만, 결론적으로 알지 못하는 신의 가능성만 남았다. 나는 인문학의 신들과 세속의 발전에 경의를 표했지만, 결국 남은 것은 공허한 느낌밖에 없었다. 어린 딸들에게 내가 어렸을 때 알던 것 대신 그러한 공허함만 물려주게 된다면, 그들에게도 삶은 의미 없는 것이 되기 쉬울 것이다. 여전히 신앙에 대한 의문으로 가득 차 나는 남은 인생의 방향을 정하는 어떤 일을 했다. 나는 침대 옆에 무릎을 꿇고 하나님이 존재하시는지 확신할 수는 없지만 내 삶에 다시 찾아와 주시면 좋겠다고 말했다. 나는 하나님이 진짜로 계신 것처럼 살고 싶다고, 그런 다음 문제들은 차차 다시 검토하겠다고 말했다. 그분을 완전하게 받아들이기를 주저했음에도 불구하고, 감사하게도 하나님은 나를 오래 참아 주시면서 은혜를 베푸셨다. 나는 훌륭한 책들을 읽으며 기독교 사상가들과 깊은 대화를 나누었고, 나보다 훨씬 똑똑한 사람들도 그리스도의 존재와 부활, 신앙의 삶을 아주 설득력 있게 받아들였음을 알게 되었다. 나는 매일 하나님과 동행하면서 대화를 나누었고, 다시 한번 내 삶이 의미로 채워지는 것이 너무 좋았다. 처음에는 그분이 존재하시는지에 대해 여전히 확신하지 못했지만, 2년 동안 믿음으로 그분의 임재 가운데 살면서 그리고 여러 차례 그러한 임재를 아주 심오하게 경험하면서 그분은 나에게 실재가 되었다. 이에 대해 이제는 확신할 수 있게 되었다.

그러나 나는 생물학자였고, 진화의 과정이 하나님이 창조 명령을 이루시기 위해 사용하셨던 메커니즘이라는 것에 대해서는 의심의 여지가 없었다. 하나님과의 친밀한 관계를 누리고 있음에도 불구하고, 맞든 틀리든 복음주의 교회에서는 내 자리를 찾을 수 없을 것이라고 느꼈다. 내가 보기에 그러한 교회들은 창조에 대한 주류 과학의 설명을 점점 더 불편하게 느끼는 것 같았다. 어느 일요일 오후 바닷가에 갔던 날을 특별히 기억한다. 나는 나사렛 교회의 이름이 붙은 버스를 보았다. 예배 후 학생부가 바닷가로 피크닉을 온 것처럼 보였다. 멀찌감치 떨어져 그들을 보면서, 나는 내 딸들을 그런 교회에 데려가 성경 이야기를 배우고 예수님과 그들을 향한 그분의 사랑에 대한 노래를 부를 수 있도록 해 주지 못하리란 생각에 너무 슬펐다. 대신, 우리는 캘리포니아에 사는 동안 자유주의 교회에 다녔는데, 그 교회는 진화론에 대한 나의 견해에는 아무런 문제가 없었지만 나와 내 가족에게 내가 어렸을 때 경험했던 것을 공급해 주지는 못했다. 나는 우리의 삶에 하나님이 개인적으로 개입하시는 것을 경축하는 교회를 갈망했다. 솔직히 나는 다시는 그런 경험을 할 수 없을 거라고 믿었기에, 마음이 너무 아팠다.

박사 후 과정을 수료한 뒤 나는 시러큐스 대학교의 교수진으로 합류했으며, 역동적인 교회의 일원이 되는 것에 대한 갈망은, 그런 일은 절대 일어나지 않을 것이라는 확신과 함께 커져 갔다. 친구들과 가족들은 수천 마일 떨어져 있었고, 우리가 원하는 것, 즉 그리스도와의 인격적 관계를 강조하면서도 주류 과학을 받아들였다는 이유로 이류 시민처럼 느끼지 않게 해 줄 교회는 없었다. 몇 군데가 보았지만, 어디도 잘 맞지 않는 것 같았고, 시러큐스에서 14개월을 보낸 뒤 나는 교회에 대해 거의 포기하기로 마음먹었다. 가족에게 끼칠 잠재적 영향을 알았기 때문에 몹시 괴로운 결정이었다.

나는 도시 반대쪽에 있는 교회에 한 번 더 가 보기로 결심했다. 6개월 전 어느 일요일 아침, 나와 아내는 교회 위쪽 언덕에 앉아 사람들이 교회에서 나가는 것을 보면서, 그 교회의 보수적 성격에도 불구하고 과연 내가 과학자라는 것과 상관없이 우리가 그곳에 잘 정착할 수 있을지 묻고 있었다. 그러나 우리는 힘들 거라고 결론지었다. 몇 달 뒤, 다른 모든 가능성을 포기한 채 우리는 교회를 완전히 단념하기 전에 마지막으로 한 번 더 시도해 보기로 결정했다. 우리의 계획은 내가 혼자 교회에 가서 어떤 등록 카드나 어떤 종류의 헌신도 하지 않는 것이었다. 아마도 그곳 역시 우리와 맞지 않을 것이라고 짐작했기 때문이다. 그렇게 나는 교회에 갔고, 예배 후 집에 와서 내가 경험한 것을 나눌 때까지 기다리는 것이 힘들 정도였다. 우리가 그토록 찾았지만 시러큐스에는 존재하지 않는다고 생각했던 바로 그런 교회를 찾은 것이다. 그 교회는 그리스도와의 인격적 관계를 강조했고, 누구도 내가 대학교에 소속된 과학자이고 진화를 믿는 것에 신경 쓰지 않는다는 것을 알 수 있었다. 그들은 우리를 그냥 좋아해 주었다. 오랜 시간이 걸리지 않고 우리는 교회에 등록했고, 교회학교에서 청년들을 가르쳤다. 네 살, 여섯 살이었던 우리 딸들도 교회학교와 새로운 친구들을 너무 좋아했다. 그 교회를 발견한 것과 그곳에서 우리가 경험한 그리스도 안에서의 삶은 매우 큰 성취감을 주었고, 그곳에서 7년을 보낸 뒤 나는 하나님이 시러큐스 대학교를 떠나 그리스도인의 성장과 양육에 초점을 맞춘 환경에서 대학생들에게 생물학을 가르치는 일에 남은 인생을 헌신하도록 부르시는 것을 느꼈다. 이것은 내 인생에서 가장 깜짝 놀랄 만한 일이었고, 내가 상상할 수 있는 그 어떤 것보다 더 큰 성취감을 누리게 해 주었다.

나는 과학이 창조주를 가리킨다고 믿기에 그것을 좋아한다. 이 창조주는 우리를 너무도 사랑하시는 나머지 그분께 합당한 왕권까지도 버리신 채, 버림받음과 상상할 수 없을 만큼 끔찍한 죽음을 당하심으로써 우리가 그분께 가까이 가서 우리를 향해 뻗으신 그분의 팔 안에 안길 수 있게 해 주셨다. 이 사랑은 과학자로서 갖는 엄격한 차이들에도 불구하고 토드와 나를 하나로 묶어 준다. 우리를 향해 뻗으신 그 팔에 둘 다 안길 때, 그 차이는 희미해진다.

## 연구와 묵상을 위한 질문

1. 토드와 대럴은 둘 다 규모가 작은 보수적 교회와 사랑 많은 기독교 가정에서 자랐다. 두 사람이 고등 교육을 받는 과정에서 그토록 다른 이야기를 갖게 된 까닭은 무엇인가?

2. 대럴의 어린 시절 강한 신앙심은 때로 의심에 부딪혔지만, 그는 그것을 부모님이나 다른 어른 그리스도인에게 말하는 것을 두려워했다. 어떻게 해야 교회가 젊은 사람들이 자신의 의심에 대해 말하는 것을 편하게 느끼는 곳이 될 수 있겠는가? 그리고 나이 많고 성숙한 그리스도인들은 신앙에 의문을 제기하는 젊은 사람들에게 어떻게 반응해야 하는가?

3. 일반 대학교에 다니는 많은 젊은 그리스도인이 신앙을 떠난다. 이것은 어쩔 수 없는 일인가? 이러한 젊은이들을 돕기 위해 교회가 할 수 있는 일이 있는가?

4. 당신은 젊은이들에게 동료 대다수가 그리스도인이 아니며 하나님을 믿을 이유도 없다고 생각하는 과학 분야의 직업을 선택하도록 권하겠는가? 그 이유는 무엇인가?

5. 대럴이 성인이 되었을 때, 무엇이 그를 교회에서 멀어지게 했으며 무엇이 그를 다시금 교회로 이끌었는가? 그의 경험에서 어떤 교훈을 배울 수 있는가?

## —— 막간 2: 만물이 함께 섰느니라

**랍 배럿, 골로새 포럼**

골로새 포럼이 토드와 대럴을 한자리에 모은 것은, 그리스도인들이 정말 심각한 문제에 대해 의견이 일치하지 않을 수 있지만 그럼에도 불구하고 여전히 그리스도인의 사랑과 친교의 띠 안에 머물러 있을 수 있어야 한다고 믿기 때문이다. 다른 식으로 말하면, 갈등은 그리스도인들에게 하나님과 서로를 향한 사랑이 자랄 수 있는 기회를 준다. 우리가 그렇게 믿는 것은, 성경이 "만물이 [그리스도] 안에 함께 섰느니라"라고 말하는 것을 믿기 때문이다(골 1:17).

이것은 정말 무엇을 의미하는가? 대럴이든 토드든 결국 누군가 한 명이 이기겠지만, 그 둘은 여전히 친구일 것이라는 의미인가? 그럴 수도 있다. 하지만 그것이 성경이 약속하는 내용은 아닐 것이다. 또한 우리는 토드나 대럴 중 한 명이 백기를 흔들며 "당신이 옳아요"라고 말할 것이라고 기대하지도 않는다. 두 사람 모두 자신이 진리를 위해 싸우고 있다고 굳게 믿으며, 그로 인해 의견이 갈리는 주제에 대해 종종 격앙되기도 한다. 기원이라는 주제가 가족을 갈라놓았기 때문에 그리스도인들이 그에 관해 서로 토론하는 데 어려움을 겪는다는 사실에 놀라지 말아야 한다. 그러나 다시금 힘을 주는 바울의 말을 기억하자. "만물이 함께 섰느니라." 그것이 사실이라면, 어째서 우리는 갈등 때문에 그토록 힘든 시간을 보내는 것인가?

뻔한 말일 수도 있지만, 우리가 갈등을 어려워하는 것은 그것이 어렵기 때문이다. 갈등은 혼잡하고 불편하다. 내가 진실을 말하면, 누군가의 감정을 상하게 할 수도 있다. 내가 동의하지 않으면, 상대방은 화를 내거나 방어적이 될 수도 있다. 바로 그것이 우리가 과열되고 분열이 일어나는 순간이 오면, 근본적으로 그것을 회피해 버리는 이유다. 단체로 포옹을 하거나 그런 갈등이 어떤 식으로든 기적적으로 해결될 것이라는 거짓된 소망을 가지고서 말이다. 그런 모습은 사도가 우리에게 "만물이 함께 섰다"고 가르칠 때 의미하는 바가 아니다. 그는 그리스도인으로서 비록 우리를 갈라놓는 것들이 있을지라도 우리는 하나님 가족의 일원으로서 함께 살아가기 위해 필요한 모든 것을 이미 받았음을 상기시켜 준다. 우리 자신을 넘어 그리스도를 닮아 덕을 형성해 가는 지점으로 나아가기 위해서는 우리의 갈등이 필요할 수도 있다. "그리스도 안에" 있다는 것은 그러한 연민과 친절, 겸손과 온유, 오래 참음과 사랑의 덕을 실천함을 의미한다(골 3:12-14). 우리를 분열시키는 문제들은 결코 이생에서 해결되지 않을 수도 있지만, 여전히 우리는 바로 지금 여기에서 진정한 그리스도인의 연합을 경험할 수 있다.

말로는 좋게 들릴 수 있지만, 과연 현실에서도 이것이 가능할까?

5장

# 이 일은 가능하지 않을 거야

토드 우드

나는 대럴을 만나고 싶지 않았다.

편안하고 위협적이지 않은 분위기에서 지구가 어떻게 존재하게 되었는지에 대한 우리의 반대되는 견해에 대해 진솔하게 토론할 수 있을 것이라고 들었다. 그리고 종종 많은 갈등을 불러일으키는 정말 어려운 문제까지 들어가야 할 것이라고도 했다. 다소 불필요한 말 같았다. 다시 말해, 주제가 진화라면 무슨 수로 정말 어려운 문제에 빠지지 **않을** 수 있다는 말인가? '이 일은 가능하지 않을 거야. 어떤 선한 것도 나올 리 없는 일에 뭐 하러 귀찮게 참여를 한다는 말인가?'라는 생각이 들었다. 재빨리 따라온 것은 두려움이었다. 무엇보다 나는 이런 식의 만남들을 보고 들은 적이 있다. 사람들은 뒤에서 서로를 찌르면서도 표면적으로는 예의 바르게 대하거나, 아니면 그저 억눌렀던 분노를 쏟아 내거나 둘 중 하나였다. 나는 모두가 서로에게 아무리 다정하게 대하려고 노력한다고 해도, 아마 이 실험은 자폭하고 말리란 것을 알았다. 진심으로 굳이 그런 일의 일부가 되고 싶지는 않았다. 자폭하지 않는다면 피상적으로 끝날 것이고 아무것도 성취하지 못할 게 분명했다. 어느 쪽에든 시간을 허비하고 싶지 않았다.

나는 1994년에 직업 경력을 갖기 시작했는데, 인터넷이 집집마다 설치되고, 이 최신식 '전자메일'이 소통의 혁신을 약속하던 무렵이었다. 인터넷은 창조론자들이 서로 네트워크를 형성하고 생각을 교환하는 매우 좋은 수단이었지만 최악의 결과를 불러일으키

기도 했다. 특히 의견이 불일치하는 사람에게는 더욱 그랬다. 나 같은 사람들을 비판하는 이들은, 나의 창조론 관점을 경멸하고 혐오하는 목소리를 내는 것을 주저하지 않았다. 과학자들과 신앙을 고백하지 않는 다른 이들이 던지는 가시 돋친 비판을 떨쳐 내는 것은 어렵지 않았다. 그들의 공격은 예상대로였다. 정말로 낙심이 되는 것은 기독교 대학과 대학교에서 가르치면서 그리스도인이라 주장하는 사람들의 무례한 논평이었다.

동시에 나는 기독교 진화론자들이 창조론 관점을 지닌 이들을 왜 그토록 반대하는지 이해했다. 창조론자들이 자신들의 관점을 뒷받침하기 위해 한 일들은 사실 형편없는 과학이거나 아예 과학 자체가 아닌 경우가 많았다. 나 역시 창조론자이기 때문에 그들과 똑같은 크고 못생긴 붓으로 싸잡아 그려지는 것이다. 만약 지구가 수천 년 전 하나님에 의해 6일 만에 만들어졌음을 믿는다면, 나 역시 진짜 과학자일 리 없다는 논리였다. 시간이 지나면서 우리는 바보 취급받는 것에 지쳤다. 나는 개의치 않고 살기로 결심했다. 진화론자들은 그들의 일을 하고, 나는 나의 일을 할 것이다.

그러다 몇 년 전에 나는 한 기독교 대학의 학회에 초대되었는데, 그것은 그 학교의 교수인 진화론자와 내가 각자 믿는 바를 왜 믿는지 설명하는 자리였다. 어떤 이유에선지 나는 평소 비웃음거리가 될 것을 아는 사자굴로 들어가는 것을 꺼리던 마음을 무시하고 초대에 응했다. 이례적으로, 이 학회는 그 대학교 시설 부서에서 일했던 한 사람이 조직하고 자금을 댔다. 정확하게 관리자는 아니었지만, 그렇다고 과학대학 학장도 아니었다. 그는 그 대학이 진화를 가르치는 것을 수용하는 것을 보고, 적어도 학생들에게 자신이 지지하는 젊은 지구 창조론의 관점을 접할 수 있는 기회를 주어야 한다고 느꼈다. 내가 알기로는, 대학은 그가 캠퍼스에서 그런 행사를 열도록 허락해 주지 않았지만, 결국 엄밀히 따지면 캠퍼스 안은 아닌 그 대학 컨퍼런스 센터를 대관해 주기로 결정했다. 그러나 모든 행사 비용 일체는 그가 지불해야 했다.

나는 학회에 대한 긴장감을 최대한 숨기려고 노력하면서 캠퍼스에 도착했다. 나는 과학과 교수진이 나를 시골뜨기처럼 진화에 대해 무지하다고 여길 것이라고 예상했다. 적군처럼 대할 것이라고 예상했다. 나는 그 대학의 교수를 만났는데, 그는 학교 구경을 시켜 주었다. 그는 나를 동료들에게 소개하면서도 매우 호의적이고 친절했고, 동료 신앙인으로서 나에게 진심 어린 관심을 보여 주었다. 그날 오후 그와 교제하며 시간을 보내면서 마음이 좀더 편해졌다. 비록 주로 우리의 차이를 회피함으로써 우리가 잘 어울릴 수 있는 거라고 생각하기는 했지만 말이다.

학회는 상당히 잘 진행됐다. 그 교수는 진화에 대해 발표했고, 나는 내 발표를 했다. 내 입장을 정말 잘 설명하고 싶었던 까닭에 너무 길게 했다. 그는 정말 훌륭한 질문들을 해 주었고, 나의 답변에 흥미를 보이는 것 같았다. 그는 나의 연구에 관심을 표했을 뿐 아니라, 그러한 연구를 계속하도록 격려했다. 학회에서 그다지 유쾌하지 않은 부분도 있었는데, 특히 어떤 교수가 바로 내가 예상했던 얕보는 듯한 오만한 태도의 전형을 보여 준 것이다. 하지만 그것은 예외였다. 나는 솔직히 그 학회를 즐겼다고 인정해야 할 것 같다. 설령 하루를 마치면서 여전히 나를 제정신이 아니라고 생각할지라도, 나는 청중이 실제로 내 말을 진지하게 듣고 있다고 느꼈다.

그 학회는 내가 오랫동안 생각했던 무언가를 실제로 입증해 주었다. 사람들이 책임감 있게 제대로 연구된 창조론을 보게 된다면, 악플러들이 하는 것처럼 조롱과 모욕으로만 반응하지는 않으리라는 것이다. 더 나아가, 창조론이 그저 고대 종교 문헌에 담긴 이야기에 기초한 것이 아니라 그 이면에 과학이 있음을 볼 수도 있을 것이다. 반면, 내가 그 학회에서 받은 진심 어린 반응을 일반적이라고 할 수 있을지에 대해서는 확신할 수 없었다. 결국 나는 젊은 지구 창조론자 아닌가.

바로 이 지점에서 이야기는 대럴에게로 돌아온다. 그러한 긍정적 경험에도 불구하고, 여전히 나는 조심스러웠고 대럴을 만나고 싶지 않았다. 나는 주최 측이 우리에게 까다로운 문제들에 대해 말하도록 만들 것임을 알았다. 빠져나갈 구멍이 없을 것이다. 그냥 말을 멈춰 버릴 수도 없을 것이다. 주말 내내 같은 숙소에서 시간을 보내야 할 것이다. 잡담이나 하며 대화를 피할 수도 없을 것이다.

자리에 앉아 그가 나에 대해 늘어놓는 길고 지루한 항변을 들어야 할 것이고, 그런 뒤 나 역시 내 입장을 늘어놓아야 할 것이다.

좀더 솔직히 얘기해 보자. 대럴은 그저 일반적인 그리스도인 진화론자가 아니다. 그는 가능한 한 많은 그리스도인들에게 진화론을 알리는 데 힘쓰는 단체인 바이오로고스(BioLogos)가 출범하는 데 공헌했다. (그들은 아마도 자신들의 사명을 그런 식으로 설명하지 않겠지만, 본질적으로 그것이 그들이 하는 일이다.) 바이오로고스 설립에 관여한 일부 사람들은 창조론자들을 신랄하게 비판하면서 오직 창조론자가 어리석다는 고정관념을 부추기는 글을 썼다. 대럴은 말하자면 젊은 지구 창조론자에게 최대의 적이다! 어째서 그런 원수의 소굴에 들어가서 그들의 사령관이 계속 공격할 수 있게 해 줘야 한다는 말인가?

어쩌면 대럴과 만나고 싶지 않았던 가장 큰 이유는, 이것이 단순히 우리가 동의하지 않는 학문적 문제 이상이었기 때문이다. 이것은 개인적인 문제이자 내 삶이고 직업이다. 나는 많은 대가를 치러야 하는 일에 지난 20년을 투자했다. 나는 과학과 연구를 사랑하지만, 내 전공 영역에서 창조론을 믿는 누군가를 교수로 임용할 학교는 거의 없을 것이다. 젊은 지구 창조론은 나에게 많은 것을 의미한다. 어째서 나의 영역에서 벗어나, 궁극적으로는 나를 침묵하게 만들고 내가 해 온 연구를 파괴하고 싶어 하는 또 다른 진화론자와 관계를 맺어야 한다는 말인가. 나는 과학이 어떻게 창조의 진정한 역사를 이해하는지 보여 주고자 한다. 얻는 소득도 별반 없고 그저 마음만 더 상하게 할 뿐인 일에 왜 시간과 노력을 낭비한단 말인가. 왜 대럴 때문에 신경을 써야 하는가.

만남에 응하기로 결정한 것은 두 가지 이유에서였다. 첫째, 나는 이것이 내가 이전의 학회에서 했던 것을 이어갈 수 있는 기회라고 느꼈다. 이것은 창조론의 진지하고 학문적인 측면을 다시금 보여 줄 수 있는 흔치 않은 기회였다. 창조의 진리에 대한 증언이 될 수 있는 기회였고, 그리스도인들은 진리의 사람들이 되어야 하기 때문이다.

둘째, 나는 그리스도인으로서 다른 선택이 없다고 느꼈다. 무엇보다 나는 성경이 정말 진리라고 믿으며, 하나님이 하늘과 땅을 만드셨다고 말하는 부분에서만 성경이 진리라고 믿는 것이 아니다. 먼저 고린도전서 13:2는 내게 사랑이 없으면 아무것도 아니라고 가르친다. 예수님은 나의 이웃만 아니라 원수도 사랑하라고 말씀하신다. 대럴에 대해서도 우회할 수 있는 길은 없다. 기독교 내부에 나의 최대의 원수가 있다면, 바로 대럴일 것이다. 그렇다면 나는 그를 사랑해야 하고, 내가 사랑해야 할 이 원수를 적어도 만나보기라도 해야 한다고 느꼈다.

그러나 원수를 사랑하기란 큰 도전이다. 나는 내가 성경과 모순된다고 믿는 이론을 알리기 위해 대럴이 하고 있는 일을 좋아하지 않는다. 이것은 동의하지 않고 서로 포옹하고 넘어가도록 동의할 수 있는 사소한 실랑이가 아니다. 기원이라는 이러한 중요한 주제를 놓고 우리는 철천지원수이고, 그럼에도 나는 그를 사랑해야 한다. 그것이 무엇을 의미하며, 나는 어떻게 그렇게 할 수 있는가? 솔직히 말하면, 대럴은 그냥 무시해 버리고 내 연구로 돌아가는 편이 훨씬 쉬웠다.

마침내 대럴을 만난 뒤, 실은 그가 좋은 사람이란 것을 알게 되었다. 그는 부드럽게 말하는 예의 바른 사람이었고, 호감을 주는 그의 미소는 수줍어하는 듯 보였으며 좋은 의미에서 거의 할아버지 같은 느낌을 받았다. 나는 그가 실제로 자랑스러운 할아버지이자 사랑 많은 남편이며, (나와 비슷하게) 아내와 함께 멀리 여행 다니기를 좋아한다는 것을 알게 되었다. 첫 만남에서 나는 경계심을 풀었다.

일시적으로는 말이다.

지금까지도 이유는 모르겠지만, 얼마 지나지 않아 우리의 토론 안에 대럴이 내가 정말로 과학을 알지 못한다고 암시하는 분위기가 들어왔다. 상황을 자세히 말하지 않겠지만, 나는 '또 시작이군'이라고 생각했던 기억이 난다. 바로 그것이 그토록 많은 기독교 진화론자들이 하는 일이었다. 나를 과학자로서 진지하게 대하면서 내가 말하고자 하는 바를 경청하는 대신, 진화에 의문이나 품는 바보가 틀림없다는 오래된 생각에 머무는 것 말이다. 대럴이 나를 모욕하는 말을 많이 한 것은 아니었지만, 나는 그가 "토드, 지금 그 지점에서 자네는 진짜 과학을 이해하지 못하고 있어"라고 말하는 것을 들었다.

그의 말을 바로잡는 것이 통쾌했다고 인정할 수밖에 없을 것 같다. 나는 그에게 내가 진화 과학에 강력한 배경을 가지고 있으며, 매우 우수한 일반 대학교에서 진화생물학에 초점을 맞추어 박사 및 박사 후 과정을 마쳤음을 상기시켰다. 또한 창조과학협회에 속했던 것과 거의 비슷한 기간만큼 분자생물학과진화학회(Society for Molecular Biology and Evolution)의 회원이었음을 상기시켰다. 진화생물학 일반 과목을 가르쳤고, 진화생물학 정기 학회에도 참석했음을 상기시켰다. 짧은 연설을 마치면서 나는 말했다. "제가 얼마나 더 진화를 공부해야 할까요?"

그러자 대럴은 사과했다. 그는 나를 무시하는 그의 말을 대수롭지 않게 들었던 동일한 그룹 앞에서, 겸손하게 진심을 담아 자신이 잘못했으며 내가 정말로 진화에 대해 많은 것을 알고 있음을 인정했다. 심지어 자신이 내 과학에 대해 말한 것이야말로 바보 같은 것이었다고 인정했다.

나는 사람들이 나에게 동의하지 않는 것에 익숙하다. 기원에 대한 나의 관점이 전통적인 과학의 경계 밖에 있다는 것도 잘 알고 있으며, 그래도 괜찮다. 나는 진화론이 틀렸음을 증명하려는 것이 아니라, 창세기에 나온 것처럼 하나님의 창조 역사를 더 잘 이해하도록 도와줄 증거를 계속 찾는 중이다. 나는 부당하게 비판받고 심지어 조롱당하는 것에도 익숙해졌다. 내게 익숙하지 않은 것은 진화론자가 나에게 사과하는 것이었다. 그것도 그냥 진화론자가 아니라 기독교 진화론 운동에서 매우 존경받는 지도자로부터 말이다.

나는 대럴과 두 번째 만남을 갖는 것에 동의했다.

### 연구와 묵상을 위한 질문

1. 우리가 사는 이러한 자유로운 사회에서, 사람들이 자신이 정말로 믿는 것을 말하기를 두려워하는 이유는 무엇인가? 그런 예를 생각해 낼 수 있는가?

2. 어떤 경우에 당신과 의견이 다른 것을 아는 누군가와 논쟁이나 토론을 벌이는 것이 시간 낭비가 되는가? 설명해 보라.

3. 어린 시절에는 '막대기나 돌멩이는 뼈를 부러뜨릴 수 있지만, 말은 절대로 다치게 하지 않는다'는 속담이 통한다. 그러나 토드는 대럴의 말에 상처를 받았다. 당신의 말 때문에 누군가에게 상처를 주었거나, 다른 이의 말이 당신에게 상처를 준 경험이 있다면 말해 보라. 그것은 어떻게 해결되었는가?

4. 배우자나 자녀 혹은 친한 친구처럼 당신과 가까운 누군가와 마지막으로 논쟁을 벌였던 때를 돌아보라. 무엇이 상황을 악화시켰나? 무엇이 긴장을 완화하고 분위기를 누그러뜨렸나? 가까운 사람과 의견이 부딪힐 때 드러내는 당신의 태도를 스스로 어떻게 평가하는가?

5. 토드는 대럴이 자신에게 사과한 것에 놀랐다. 동료 그리스도인이 사과한 것이 왜 그에게 그토록 놀라운 일이었다고 생각하는가? 당신도 '미안합니다'라고 말하기 어려운 적이 있었는가?

# 6장

# 깨어짐에 의해 구출되다

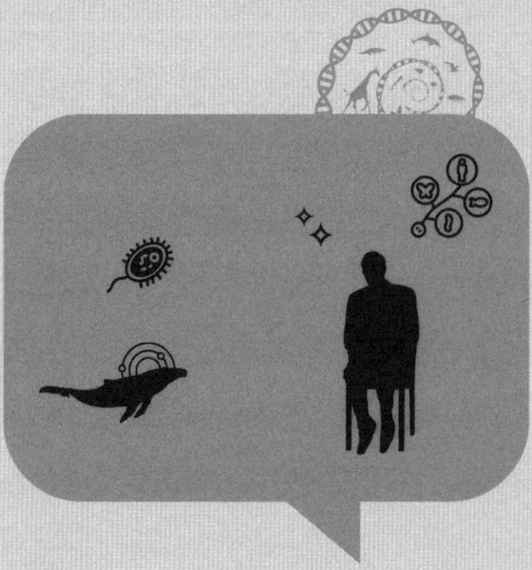

대럴 포크

토드를 몇 년에 걸쳐 만나거나 얼굴을 맞대고 대화를 나눌 계획은 정말 없었다. 원래 우리는 어떤 책을 함께 검토할 계획이었는데, 토드는 젊은 지구 창조론자의 관점에서, 나는 진화론자의 관점에서 그렇게 할 예정이었다. 나는 그리스도인 사이에 심각한 불일치가 있을 때 화합을 도모하는 일에 관심이 있는 단체인 골로새 포럼에 문의했다. 기원의 주제에 대해 소통하는 한 가지 방법으로 토드와 내가 책을 통해 서로 대화를 나눌 수 있도록 만남을 주선해 줄 수 있을지에 대해서 말이다. 그러나 토드는 나와 만나는 것을 불편하게 여긴다고 했다. 아니면 적어도 책에 대해 의견을 나누는 것은 어떨지 제안했다. 나는 그런 상황에 대해 아직도 유감인데, 토드가 망설인 것은 부분적으로 우리 진화적 창조론 운동에 속한 많은 이들이 창세기 1장에 대한 문자적 해석을 믿는 이들을 처음에 묘사하던 특정한 방식에 기인한다고 확신하기 때문이다. 젊은 지구 창조론 운동 측이 진화적 창조론자들을 지독하게 비판한 것과 마찬가지로, 진화를 믿는 일부 그리스도인들이 젊은 지구 창조론자들의 지성을 깎아내린 것 역시 두렵지만 사실이다. 당시 나는 토드가 부당하거나 가혹한 비판에 노출되고 싶어 하지 않는다고 생각했다.

그러나 토드는 여전히 망설이고 약간은 미심쩍어하면서도 결국 마음을 바꾸었고, 우리는 2013년 7월 처음으로 만났다. 토드와 비슷한 과학 회의론자들 그리고 나와 비슷한 주류 과학 지지자들

몇 명이 함께 만났다. 우리는 기원에 관한 견해로 토론을 벌이기 전에 좋은 식당에서 함께 저녁을 먹으면서 서로를 알아 가고자 했다. 저녁 식사 자리에 둘러앉아 각자 간증을 나누는 것으로 시작했다. 두 시간 반 동안, 우리는 각자의 신앙 여정에 대해 그리고 하나님을 향한 사랑으로부터 기원에 관한 자신의 관점이 어떻게 성장하게 되었는지에 대해 나누었다. 그것은 정말 멋진 경험이었고, 나는 우리가 일단 대립하는 관점의 옹호자들보다는 많은 것을 공유하는 그리스도의 추종자들로서 서로를 바라볼 수 있겠다는 생각이 들었다. 그 시간은 마태복음에 나오는 예수님의 말씀을 떠오르게 했다. "두세 사람이 내 이름으로 모여 있는 자리, 거기에 내가 그들 가운데 있다"(18:20). 그 식당의 식사 자리에서 우리 모두가 주님의 임재를 느꼈다고 생각한다. 나는 다음 날 이 동료 그리스도인들과 함께 교회를 그토록 분열시켜 온 주제를 다루게 되리란 사실에 고무되고 열의에 찬 마음으로 방에 돌아왔다.

다음 날 아침 우리는 다시 모였고, 토드와 내가 기원에 대한 각자의 관점을 설명한 뒤 서로를 비판할 수 있는 기회가 주어지는 방식으로 모임이 진행되었다. 우리의 대화는 상당히 직설적이면서도 서로를 존중했다. 그러나 대화 도중 나는 토드가 진화론을 제대로 이해하지 못했다고 말해 버렸다. 소모임에서 나는 그의 관점이 근본주의적인 리버티 대학교에 다니면서 형성되었으며, 그가 만약 주류 대학에 다녔다면 진화를 다르게 보았을 것이라는 취지의 말을 했다. 나는 토드가 진화론을 속속들이 이해하지 못했으며, 그의 입장은 신중하면서도 학구적으로 발전된 것이 아니라고 말했다. 나는 정말로 그렇게 믿었고, 그런 내 생각을 밖으로 드러내는 것이 중요하다고 느꼈다. 그를 비하하려는 의도가 아니라 그저 서로에 대해 정직할 필요가 있다고 생각했을 뿐이다. 어쨌든 나의 말은 모든 대화에 찬물을 끼얹었고 내가 우리가 함께 있는 이 시기에 너무 솔직했을 뿐 아니라 완전히 틀렸음을 깨닫게 되었다. 토드는 진화생물학회 연례 모임에 정기적으로 참석했다. 그는 진화론을 아주 잘 이해할 뿐 아니라 나보다 더 잘 알고 있을 가능성이 높았다. 그저 그 이론이 틀렸다고 생각하는 것뿐이었다.

토드가 예의 바르게 내 말을 들어준 것은 칭찬할 만했으며, 내가 틀렸다고 생각하는 것은 분명했지만 나의 직설적인 평가에 상처받았다는 것을 알 수 있었다. 나는 무거운 마음으로 모임을 떠났고, 생각하면 할수록 내가 틀렸음을 더욱 깨닫게 되었다. 그런 말을 하면서 나는 앞서 토드가 자신이 진화학회 모임에 참석한 사실에 대해 언급했던 것을 까맣게 잊고 있었다. 곱씹을수록 내가 읽었던 토드의 일부 연구의 뛰어난 과학적 수준이 더 또렷이 기억났다. 나는 그에게 사과해야 한다는 것을 알았고, 더 나아가 내가 그에 관해 그토록 신중하지 못하게 말했던 것과 똑같은 방식으로, 즉 사람들 앞에서 그에게 사과해야 한다는 것을 알았다. 다음 모임에서 나는 토론을 시작하기 전 잠깐 시간을 달라고 요청했고,

내가 우리 관계에 끼친 피해를 되돌리는 데 그 시간을 사용했다. 나는 그의 배경을 잘못 본 나의 실수를 인정했고 사과했다. 그에게 그리고 다른 사람들에게, 과학자로서 그가 받은 교육을 매우 높게 평가하며, 내가 했던 말은 절대 하지 말았어야 했다고 인정했다. 그리고 그에게 나를 용서해 달라고 했다. 토드는 나의 사과를 받아들였고 즉시 나를 용서했으며, 이로 인해 그의 바르고 너그러운 품성이 더욱 드러났다.

어찌 보면 이런 식으로 이런 씁쓸한 사건이 일어난 것은 좋은 일이기도 했다. 교회 그룹 안에서 우리는 너무 자주 자신이 틀렸음을 인정하는 것을 두려워하고, 자신의 입장을 절대로 굽히지 않으면서 그리스도의 몸을 더 분열시킨다. 혹은 부당한 대우를 받았다고 느낄 때, 분개하고 되갚아 주려는 마음으로 퇴보한다. 토드도 쉽게 그럴 수 있었다. 그러나 그러한 실패의 순간에 성령의 인도하심을 따른다면, 우리는 그분이 우리를 위해 바라시는 치유를 경험할 수 있다.

첫 모임에서 우리의 관계가 끝날 수도 있었지만, 다행히 내가 가르치는 포인트 로마 나사렛 대학교 캠퍼스에서의 두 번째 모임을 위한 자리가 마련되었다. 처음부터 나는 어떤 긴장감을 감지했다. 나는 또한 토드가 어려운 시간을 보내고 있음을 알았다. 교수직에서 곧 물러나게 될 것처럼 보였기 때문이다. 그때 이미 토드에 대한 나의 마음은 그를 정말로 염려하는 데까지 자라 있었고, 그가 겪고 있는 일을 알면서 그와 더욱 가까워지게 되었다.

그러나 내가 느끼던 긴장감은 토드 때문이 아니라, 그 자리에 함께 참석한 또 다른 젊은 지구 창조론자 때문이었다. 나는 그와 여러 번 점심을 먹은 적이 있었고 그를 좋아하기는 했지만, 그는 토드와 한 가지 면에서 달랐다. 생물학 배경이 전혀 없는데도, 자신이 읽은 몇 권의 책 때문에 진화 과학에 대해 아주 잘 알고 있다고 지나치게 자신한다는 점이었다. 그가 말할 순서가 되었을 때, 그는 확신에 찬 나머지 내가 토드에 대해 말했던 것만큼이나 순진할 정도로 틀린 어떤 것을 말했다. 기원에 대해 나와 동일한 입장을 견지하는 동료 중 한 명이 그의 말에 아주 언짢아졌고, 정면으로 반박하기로 결심했다. "당신은 방금 저를 모욕했어요." 그녀는 말했다. "당신은 방금 제가 연구하고 생각하는 모든 것이 틀렸다고 말했고, 제가 순진하고 아주 형편없는 사고를 하는 사람이라고 암시했어요." 그는 거듭 사과했고, 과학에 대한 그의 순진함과, 다른 생각을 가진 이들을 비하하려 한 그의 실수에도 불구하고 그리스도의 영께서는 그 상황에 놀라운 치유를 행하셨다. 더 나아가 토드와 나는 둘 다 그가 과학에 대해 말한 내용 일부가 얼마나 틀렸는지 알았고, 그 때문에 우리는 더욱 가까워질 수 있었다. 어떤 면에서 우리는 같은 편이라고 느꼈지만, 그 자리의 대화에는 성령의 임재가 매우 충만했기에 아예 내 편, 네 편이 없는 것 같았다. 우리 모두는 우리의 차이를 함께 탐험하는 것을 의미 있는 방식으로 즐기고 있었다.

다음 날 아침, 우리는 아침 식사를 하기 위해 작은 식당에서 만났고, 바로 그 자리에서 하나님의 영이 우리 마음 가운데서 일하셨다. 나는 우리 모두가 그 일을 기적으로 여겼다고 생각한다. 진화적 창조론자 동료였는지, 지나치게 자신감이 넘치는 젊은 지구 창조론자 형제였는지(그는 언제나 나를 형제라고 불렀고, 그것은 진심이었다) 기억나지는 않지만, 우리 중 누군가가 서로를 위해 돌아가면서 기도하자고 제안했다. 기도로 서로를 올려 드릴 때 우리는 눈물을 흘렸고, 우리 안에서 우리를 통해 흐르는 하나님의 임재를 경험했다. 어느 순간 나는 토드가 직면하고 있던 어려움을 생각할 때 그를 염려하는 마음으로 얼마나 가득 찼던지, 그와 다른 사람들에게 그런 내 마음을 표현하려고 했을 때 그만 울음을 터뜨렸다. 우리 두 사람, 서로에 대해 그토록 강경하게 동의하지 않는 그와 내가 있었다. 그럼에도 불구하고 하나님의 성령 때문에 우리는 그러한 불일치에 대해 친절함과 존중심을 가지고 말할 뿐 아니라, 서로 불일치하는 사람들 사이에서는 거의 볼 수 없는 부드러움을 가지고 말할 수 있었다. 정말로 나는 내가 토드를 한 인간으로 그렇게까지 염려하리라고는 생각하지 못했다. 서로를 위해 기도하던 그 거룩한 순간, 그는 더 이상 나와 의견이 대립하는 어떤 사람이 아닌, 내가 사랑하는 나의 진짜 형제였다.

이것은 우리가 함께한 나머지 시간 동안 하나의 본이 되었다.

단지 토드와 나뿐만 아니라 모임에 함께한 여덟, 아홉 명의 우리 모두가 그랬다. 우리는 상대방의 입장을 살펴보았고 어려운 질문들을 던졌으며, 긴장과 불안이 우리를 덮으려고 하는 순간에 이르면 성령께서 개입하셨다. 우리는 멈추고 서로를 위해 기도했고 함께 성경을 읽고 함께 찬양했다. 바로 그러한 실천을 통해 우리는 우리 모두를 이어주는 그리스도의 사랑의 띠가 실제임을 깨달았고, 갈등이 있을 때조차 우리 가운데 그 띠가 존재하는 것을 신뢰할 수 있음을 알게 되었다.

모임이 끝날 무렵, 나는 토드와 내가 정말로 친밀하고 신뢰하는 관계로 발전했다고 느꼈다. 토론을 이어가는 것과 관련해 우리는 같은 마음인 것처럼 보였다. 나는 두 입장 간의 차이와 관련해 과학적 사안의 핵심에까지 파고들어 가 보는 것에 둘 다 동의했다고 생각했다. 그 즈음 뉴질랜드의 그리스도인 유전학자 그레이엄 핀레이(Graeme Finlay)의 책이 출간되었다. 내가 보기에, 이 책은 하나님이 진화의 과정을 통해 세상을 창조하셨음을 더 이상 반박할 수 없을 정도로 입증했다. 그보다 더 방대한 양의 데이터를 설명하는 것은 상상할 수 없을 정도였다. 토드가 원하는 것 역시 과학적 토론이라고 생각했기에, 나는 그가 이 책에 대해 어떻게 생각하는지 몹시 알고 싶었다. 나에겐 이것이 우리의 토론을 진전시킬 수 있는 완벽한 방법처럼 보였다. 모임 내내 우리의 목표는 우리 중 누가 옳거나 틀리냐를 증명하는 것이 아니라, 우리가 왜 불일치하는지에 대해 배우고, 갈등하는 가운데 어떻게 그리스도께서 임재하실 수 있는지를 살펴보는 것이었다. 이 주제와 대해서 나는 우리가 과학 문제를 다루지 않고는 그렇게 할 수 없다고 생각했다. 불행히도 내가 토드를 오해했음이 분명하다. 그 책은 우리의 공통 전문 분야인 유전학의 데이터를 제시함에도 불구하고, 그는 그 책에 대해 말하는 것에 전혀 관심이 없었다. 나는 매우 좌절스러웠지만, 토드가 그 책에 대해 말하고 싶어 하지 않는 이유를 이제 안다. 그는 진화의 증거가 매우 강력한 것을 알지만, 여전히 그것이 틀렸으며 지금 그 이유에 대한 질문을 다루기에는 우리가 아직 과학적으로 너무 미성숙하다고 믿기 때문이다. 진화는 그냥 틀렸다. 그는 성경이 그렇게 말한다고 생각하며, 그것이 그가 인정하는 단 하나의 유일한 권위다. 토드는 젊은 지구 창조론을 뒷받침하는 과학적 증거가 충분하지 않음을 인정하는 첫 사람이다. 몇 가지 증거가 있다고는 생각하지만, 진화적 창조의 수많은 증거에는 결코 따라갈 수 없음을 안다.

내가 말했듯, 토드에게 좀더 중요한 문제는 성경이다. 우리 두 사람 모두는 성경의 권위와 성경이 진리임을 믿는다. 우리는 그저 창세기 첫 몇 장을 다른 방식으로 읽을 뿐이다.

**연구와 묵상을 위한 질문**

1. 당신은 교회나 문화 전반에서 자신과 다르게 보고 생각하고 행동하는 사람들이나 단순히 자신과 의견이 다른 사람들을 비하하는 경우를 떠올릴 수 있는가? 무엇이 사람들로 하여금 다른 이들을 무시하도록 만든다고 생각하는가?

2. 대럴은 자신이 토드를 오해했고, 그로 인해 부정확하고 상처 주는 말을 하게 되었다고 인정했다. 다른 이들을 바로 이해하지 못할 때, 그것은 나와 그들 간의 차이를 얼마나 더 악화시키는가?

3. 당신이 어떤 것에 대해 틀렸다고 느끼는 누군가를 떠올려 보라. 그 사람을 더 잘 이해하기 위해 당신이 구체적으로 할 수 있는 일은 무엇이 있는가?

4. 용서를 구하는 것과 용서를 하는 것 중 어느 쪽이 더 어렵다고 생각하는가? 설명해 보라.

5. 개인이나 그룹 간에 서로 심각한 충돌이 있을 때, 기도는 어떤 역할을 할 수 있는가?

## 막간 3: 하나님의 사랑으로 빚어지다

**랍 배럿, 골로새 포럼**

대럴과 토드에게 무언가 특별한 일이 일어나고 있음이 일찍부터 분명해졌다. 의견의 불일치를 넘어서 대화를 시도하는 것이 새삼스러운 일은 아니었지만, 겉으로 보기에는 결코 뚫을 수 없을 것처럼 보이는 벽의 반대편에 있는 이 두 과학자는 다 끝난 것처럼 보이는 순간도 어떻게든 뚫고 지나갔다. 의심할 여지없이 대럴과 토드는 범상치 않은 그리스도인들이다. 그러나 훌륭한 그리스도인들도 이전에 이런 것을 시도했지만 실패했다. 기원 논쟁에서 지도자 역할을 하는 한 사람은 이 기획에 참여하는 것에 거부 의사를 밝히면서 그 이유를 말했다. 반대편 사람들과 관계를 쌓고자 노력해 보았지만 잘되지 않았다는 것이었다. 편지에서 그는 이렇게 썼다. "우리는 모일 때마다 친교와 성경적 권면 그리고 함께 기도하는 시간으로 시작했습니다. 분위기는 언제나 화기애애하고 우호적이었죠.… [기원에 관한 저의] 헌신에 공감하지 않는 이들의 입장과 목적, 열정을 이해하고자 진지하게 노력했답니다. 이제 그러한 모임에는 더 이상 참여하지 않기로 했습니다. 어떤 진전도 보이질 않고, 정말이지 거리감과 개인적인 고뇌만 커질 뿐 어떤 긍정적 결과도 가져올 수 없을 겁니다."

그의 경험에서는 대화와 기도, 이해하려는 노력이 갈등을 키우기만 했다. 그가 분열된 양쪽의 만남이 "어떤 긍정적 결과도 가져올 수 없을" 거라 결론지은 것은 참으로 유감스럽다.

어째서 토드와 대럴은 긍정적인 무언가를 경험하고 있는 것처럼 보일까? 나는 하나님이 뭔가 특별한 일을 하고 계시다고 결론지을 수밖에 없었다. 우리는 스스로 이런 일을 조율할 수 없다. 공격 뒤에 용서가 따라오는 이러한 귀한 순간을 만들어 내는 기술이나 공식 따위는 어디에도 없었다.

뛰어난 과학자이자 그리스도의 신실한 추종자인 이 두 사람은 몇 번이고 우리로서는 어떻게 헤쳐나갈지 확신할 수 없는 지점들 중 하나에 도달했다. 그러나 그들은 언제나 그 지점들을 통과했다. 성령께서 그들을 이끄시는 것 같았기 때문이다. 이런 말이 너무 단순하게 들린다는 것을 알지만, 나는 갈등 한가운데에서 우리와 함께하시는 것이 하나님의 본성이라고 생각한다. 모임이 끝나갈 무렵 그들이 정말로 어려운 영역을 다루게 되었을 때, 토드는 이렇게 말했다. "나는 자꾸만 다시 오게 됩니다. 여기서 무슨 일인가 일어나고 있기 때문입니다. 그것이 무엇인지 잘 모르겠고 우리를 어디로 데려가고 있는지도 모르겠지만, 신이 납니다." 그들이 경험한 것은 그들이 발견하리라 기대하지 못했던 바로 그 지점, 바로 갈등 한가운데에서 만난 복음의 진리였다.

그러나 과학자들과 함께 만나던 우리 골로새 포럼 역시 이 모임에 접근하는 방식에 다른 점이 있었다. 우리가 직면한 갈등에 대해 함께 생각하면서 우리는 문제를 거꾸로 뒤집어 보았다. 우리는 먼저 하나님을 사랑하고 서로를 사랑하는 것에 초점을 맞추고, 갈등을 해결하는 것을 그다음으로 생각하기로 했다. 아니면 우리가 갈등에 발을 들여놓은 바로 그 순간에 우리는 모두 하나님과 서로를 사랑하기로 굳게 다짐했다고 말하는 것이 더 나을 것이다. 가장 중요한 계명이 무엇이냐는 질문을 받으셨을 때, 예수님은 하나님과 이웃을 사랑하는 것이 결정적인 출발점이라고 알려 주셨다. 이어서 "이 두 계명에 온 율법과 예언서의 본뜻이 달려 있다"고 말씀하셨다(마 22:40). 모든 것이 이 두 가지에 달려 있다면, 진화에 관한 논쟁 역시 그럴 것이다. 예수님의 가장 기본적인 가르침을 실천하는 것이 엉망진창인 상황을 헤쳐갈 수 있는 길이 될 수도 있다. 이전 세대의 그리스도인들은 '하나님은 신비로운 방식으로 일하신다'고 말하곤 했는데, 그들처럼 우리도 언제나 그 방식을 신뢰하는 것은 아니다. 형제에게 잘못을 범했을 때 용서를 구하는 것이 진화 논쟁을 해결하는 문제와 신비롭게 연결될 수 있는가? 제정신이 아닌 소리처럼 들리고도 남겠지만, 정확하게 바로 그것이 성령께서 하시는 일이다.

교회가 분열을 일으키는 문제를 적절히 다루기 위해서는 그러한 문제에 대한 영민한 통찰력 이상이 필요할 것이다. 우리는 하나님의 사랑의 모양에 맞게 조정된 상상력이 필요하다. 이는 우연이 아닌 연습을 통해 일어난다. 함께 기도하고, 서로 의견이 다를 때라도 성령의 열매를 구하고, 함께 하나님의 말씀 읽기를 통해서 말이다.

아, 하나님의 말씀. 이는 대럴과 토드에게 또 다른 도전을 주는 문제다. 둘 다 성경을 믿는다. 둘 다 성경이 하나님이 창조하신 방식에 대한 자신들의 이해와 부합한다고 믿는다. 그리고 둘 다 상대방이 성경에 대해 틀렸다고 믿으며, 복음주의 그리스도인들에게 이것은 매우 심각한 혐의로 받아들여진다. 충분히 싸울 만한 가치가 있다.

7장

# 창세기는 역사다

토드 우드

나에게 가장 큰 문제는 과학이 아니라 성경이라는 대럴의 말은 맞지만, 이것은 훨씬 더 깊게 들어가는 문제다. 과학자로서 나는 과학이 매우 중요하다고 생각하지만, 그리스도인들이 마치 우리가 그리스도의 권위로부터 무언가를 제지할 수 있는 것처럼 그들의 과학을 신앙과 분리시켜야 한다고 생각하지는 않는다. 그것이 계몽주의와 과학 혁명의 전략이었다. 사람들은 성경을 참고하지 않고 과학을 할 수 있으면 좋을 것이라고 생각했다. 이성과 증거 자체로 기독교 신앙을 스스로 확립할 수 있으리라고 생각했다. 오늘날 과학에서 하나님을 배제하는 이러한 태도를 '방법론적 자연주의'라고 부른다.

이것이 무엇을 의미하는지 생각해 보라. 나는 그리스도인이다. 나는 그리스도의 종이다. 내 삶의 어떤 부분도 예수님이 자신의 것이라고 주장하지 않으시는 부분은 없다. 내 영혼 안에 내가 물러나 원하는 것을 할 수 있는 남자의 동굴 따위는 없다. 나는 일요일에는 그리스도인이고 월요일에는 과학자인 그런 사람이 아니다. 그리스도인의 삶은 그런 식으로 작동하지 않는다. 신앙이 없다면 모든 것이 어떨지 잠시 사고 실험을 해 볼 수는 있겠지만, 결국 그러한 사고 실험은 내 구주의 주권 아래로 돌아와야 한다.

따라서 나는 하나님이 성경에 자신을 계시하시지 않은 것처럼 과학을 한다는 생각을 이해하기 어렵다. 더군다나 그렇게 하려고 한다면 정말 잘못된 길로 가게 될 것이다. 대럴은 오늘날 과학에서 우리 행성 위의 생명의 역사를 설명하는 그토록 강력한 진화의 모델을 보지만, 이것이 기독교 신학과 양립할 수 없음은 보지 못한다. 나는 현대 과학에서 애초에 하나님을 고려하려는 의도가 전혀 없었던 과정이 만들어 낸 불화와 혼돈을 본다. 정신 나간 소리로 들리겠지만, 과학은 개조될 필요가 있다. 과학의 많은 부분을 그대로 유지하게 될 것에는 의심의 여지가 없으며, 그 과정에서 창세기에 대한 잘못된 해석이 발견되더라도 놀라지 않을 것이다. 그러나 그러한 결정을 할 때, 성경과 동떨어진 채 과학을 하거나 과학과 동떨어진 채 성경을 해석해서는 안 된다. 그 둘은 같이 가야 한다. 예수님은 만유의 주가 되셔야 한다.

이것을 어떻게 할 수 있는가? 내게는 불가능한 일처럼 보인다. 현대 세계에서 과학은 매우 거대한 분야이고, 우리가 하는 모든 것을 뒤덮고 있다. 21세기 그리스도인인 우리가 어떻게 지난 400년 동안의 연구 결과와 과학을 분리해서 할 수 있겠는가? 과학을 재고하는 것이 성경을 재점검하는 것만큼이나 중요하다. 다시 말하지만, 우리는 어떻게 우리의 모든 과학적 편견과 인습을 가지고 그것을 할 수 있을까?

나는 우리에게 소망을 가질 이유가 있다고 믿는다. 첫째, 우리에게는 성령께서 우리를 모든 진리로 이끄실 것이라는 예수님의 약속이 있다. 우리는 정말로 그것을 깊이 생각해야 한다. 우리는 무엇이 진리인지 우리 스스로의 힘으로 알아내도록 방치되지 않았다.

둘째, 나는 우리가 이미 모든 답을 가졌다고 하는 독선적 인식을 버릴 필요가 있다고 생각한다. 과학에 대해서든 성경에 대해서든, 아직도 답이 나오지 않은 많은 질문이 있다. 우리는 인간의 무지를 덮고 있는 가장 얇은 막을 간신히 벗겨 내기 시작했다. 확실하다고 느낄 수 있는 것들도 있겠지만, 훨씬 더 많은 것들이 여전히 백지상태로 남아 있을 것이다. 셋째, 우리는 온전한 신앙과 통제된 자아를 가지고 우리 앞에 놓인 과업에 담대하게 한 번에 하나씩 다가갈 수 있다. 과학 혁명은 잊어라. 이 일은 거대한 돌파구를 통과하기 전까지 아주 많은 작은 단계들을 거칠 것이다. 이 일은 인내를 요구한다.

그렇다면 우리는 창세기를 어떻게 해야 하는가? 이 질문에 답하기 전, 우리가 일반적으로 성경을 대하는 태도에 대해 조심스럽게 생각해 보는 것이 중요하다. 먼저 가장 중요한 것은 그리스도인으로서 나는 성경이 단지 고대 문학 모음집이 아니라고 고백해야 한다는 것이다. 성경은 하나님의 영감으로 된 것이고, 성령으로부터 온 무오한 계시다. 우리는 장르와 저자의 의도에 대해 이야기할 수 있고, 그것은 중요한 통찰을 가져다줄 수 있다. 그러나 그러한 논의의 끝에 이르면, 하나님의 말씀은 단지 하나님의 말씀이다. 하나님이 원작자이심을 고려해야 마땅하다.

대럴의 동료는 성경에 대한 나의 관점을 질책했다. 나의 관점은 성경을 일반적인 문학 분석과 상관없는 일종의 성스러운 마법의 책으로 만든다고 했다. 나는 그 말이 정확하게 맞다고 대답했다. 성경을 또 다른 하나의 문학 형식처럼 다루어서는 안 된다. 성경은 그저 다른 형식의 문학이 **아니기** 때문이다. 그렇다고 해서 접근 불가하다는 의미는 아니다. 문학 형식이나 장르, 비유적 표현이나 우리가 문학 분석에서 얻을 수 있는 다른 어떤 통찰에 대해 말할 수 없다는 것이 아니다. 그것은 창세기 1-11장을 성경의 나머지 부분에서 잘라 내서 별개 단위로 다룰 수 있다는 식으로, 본문을 따로 취급할 수 없다는 것을 의미한다. 또한 어떤 본문에 대한 창의적 재해석이 너무 많은 다른 본문에 혼란을 야기한다면, 그러한 재해석을 회의적으로 고려할 필요가 있다는 의미다.

성경을 이해하기 위해 내가 두 번째로 중요하게 고려하는 사항은 개신교의 명료성 교리다. 즉 성경이 어떤 주제에 대해 분명하게 말할 때, 그것은 무오하며 절대적 권위를 갖는다는 것이다. 이는 어떤 변칙적이고 현대적인 교리 혁신이 아니라 500년 동안 종교 개혁의 표준적 가르침이었다. 다른 한편으로, 우리는 이 교리의 세부 사항을 알 필요가 있다. 전통적으로 명료성은 구원에 필요한 가르침이 명확하다는 것이지 성경의 모든 것을 완벽하게 이해할 수 있다는 뜻은 아니다. 성경의 어떤 구절들은 이해하기가 힘들다. 그럼에도 불구하고 구약학자인 내 친구는 언젠가 우리는 성경이 명확한 만큼 명확해야 하고, 성경이 모호한 만큼 모호해야 한다고 말한 적이 있다.

안타깝게도 창세기에 대한 나의 관점을 모두 다루려면 훨씬 긴 책이 필요하기에 결론으로 넘어가겠다. 나는 창세기를 대체로 역사 서술로 읽는다. 창세기는 실제 시간에서 실제 일어났던 실제 사건을 기술한다. 그렇다고 창세기가 전달하는 풍성하고 중요한 신학적 진리를 모두 부정하는 것은 아니다. 사도 바울이 구약에 기록된 역사를 서술하면서 설명하는 것처럼 역사와 신학은 함께 간다. "이런 일들이 그들에게 일어난 것은 본보기가 되게 하려는 것이며, 그것들이 기록된 것은…우리에게 경고가 되게 하려는 것입니다"(고전 10:11). 그는 그 사건들이 역사적이며("이런 일들이…일어난 것은"), 신학적임을("본보기가 되게 하려는 것…우리에게 경고가 되게 하려는 것") 분명히 한다.

창세기는 역사적 서사로 보이는 것을 보여 주는 개별 단위들로 구성된 것처럼 보인다. 창세기 1장은 6일 동안의 창조를 말해 준다. 창세기 2-4장은 아담과 하와, 타락, 첫 번째 살인 그리고 가인의 가족이 확장되는 것을 말해 준다. 창세기 5장은 아담에서 노아까지 이어지는 족보로 이루어진 단일 부분이다. 창세기 6-9장은 홍수 이야기다. 그 후 10장에는 민족들의 표가 나오는데, 이 지점에서 부족과 언어를 따라서 모든 것이 갈라진다. 그다음 11장에서 우리는 약간 되감기를 해서 그러한 모든 부족과 언어가 나오게 된 바벨에 대해 알게 된다.

이 장들을 지금 곧바로 읽어 보면, 그 언어가 아주 직설적임을 알게 될 것이다. 하나님이 창조하셨다. 하나님이 만드셨다. 하나님이 안식하셨다. 아담이 이것을 했다. 노아가 저것을 했다. 본문은 분명해 보인다. 그러나 대럴과 그의 동료들은 이 창조 기사가 성경에 기록된 그대로 일어났다고 생각하지 않는다. 그들에게 이것은 일종의 상징이다. 하나님은 여기서 비유적으로 말씀하신다는 것이다. 성경에서 창세기 1-11장과 아주 유사해 보이는 다른 부분들은 역사적이고 사실적으로 정확하다고 말하지만, 어떤 이유에서인지 이 부분은 아니라는 것이다.

이러한 창세기의 분명한 이야기를 신화나 상징으로 보는 것은 성경의 나머지 부분에 커다란 파급 효과를 끼친다. 만약 창세기 1-11장이 역사적인 것이 아니라면, 어째서 이후에 십계명에서 "내가 엿새 동안 하늘과 땅과 바다와 그 안에 있는 모든 것을 만들고"라는 말이 나오는가? 만약 창조가 아주 오래되었다면, 어째서 성경은 마치 모든 것이 아주 근래에 만들어진 것처럼 말하는가? 마가복음에서 예수님은 왜 인간과 모든 창조가 동시에 시작되었음을 확인해 주는 "창조 때로부터" 결혼이 시작됐다고 하셨을까? 창조에 대한 성경의 메시지는 본문 전체에 걸쳐 일관성이 있고 일어난 일에 대한 역사적 설명을 기록한다는 것은 내게는 꽤 분명해 보인다. 현대 과학의 관점에서 그것이 말이 되는가? 아마 아닐 것이다. 적어도 아직은 아닐 것이다. 그러나 성경이 말이 안 되는 많은 것들을 담고 있는데도 우리는 여전히 그런 것들을 믿는다.

대럴 같은 과학자들은 지구가 오래되었고 생명이 진화했다는 과학적 증거의 무게를 가리키면서, 그것 때문에 우리는 성경을 읽는 방식을 바꾸어야 한다고 결론 내리기를 좋아한다. 만약 증거의 우세함이 지구가 수천 년 이상 되어야 한다는 것을 암시한다면, 성경 기사는 역사적으로 정확하지 않아야 한다. 하나님이 비유적 언어 혹은 신화나 알레고리의 장르를 사용하셨을 것이다. 창세기 1장이 과학적으로 정확하지 않기 때문이다. 그렇다면 무엇이 규칙인가? 성경을 언제 비유로 읽어야 하고, 언제 역사로 읽어야 하는지 어떻게 아는가? 대럴은 성경의 다른 많은 기적을 사실로 분명히 받아들인다. 6일 동안의 창조나 전 지구적 홍수의 기적은 왜 받아들이지 않는가? 어떤 기적은 거부하고 어떤 기적은 받아들이는 기준은 대체 무엇인가? 그에게 이런 질문들을 했을 때 나는 한 번도 만족스러운 답을 듣지 못했다. 그는 본문을 다른 식으로 해석할 '정말로 분명한 이유'가 없는 한, 성경의 역사성을 받아들인다고 했다. 도대체 그것은 무슨 의미인가? 정말로 분명한 이유라는 것은 무엇인가?

사실 내게는 그리스도인 진화론자들이 도달한 결론 자체보다 그들이 창세기를 그런 방식으로 해석하는 **이유**가 더 불편하다. 복음주의 학자들이 창세기에 대한 새로운 해석을 제안하는 것은 허용하고 심지어 고무하기도 하면서, 어째서 나의 창조론자 동료들과 내가 과학에 대한 새로운 해석을 제안할 때는 입을 틀어막으려하는가? 어째서 현대 과학의 결론은 건드릴 수 없는 것으로 만드는가? 어째서 점점 희한한 성경 읽기를 고안해 내는가? 적어도 창조의 증거가 전통적이고 역사적인 창세기 읽기와 얼마나 잘 들어맞는지 조사하는 정도라도 허용되어야 하지 않는가? 우리가 정말로 성경을 믿는 과학자라면, 성경과 데이터를 **양쪽 모두** 더 깊이 파헤쳐야 하지 않겠는가? 좀더 회의적인 시각으로 과학의 데이터에 접근해야 하지 않는가?

나는 창조론의 관점을 가진 그리스도인들이 과학을 무시하는 것 역시 똑같이 불편하게 느낀다고 덧붙여야 하겠다. 과학에서 비롯된 어떤 것도 그들이 믿는 방식을 바꿀 수 없다고 생각하는 사람들이 있다. 그들은 교회학교에서 배운 모든 것을 옹호해야 한다. 내가 자랄 때 수증기층 이론이 유행했는데, 대부분의 창조 과학자들은 이 개념을 폐기했다. 옹호할 가치가 없다고 판명된 것이다. 이 지점에서는 대럴에게 동의한다. 창조론자들이 과학을 무시하거나 과학에 진지하게 관여하지 않을 때, 세속 과학자들 사이에서 기독교는 과학에서 설 자리가 없다는 견해를 강화시킨다는 것 말이다.

성경과 과학 사이에 갈등이 있는 것처럼 보일 때마다 그리스도인들은 자동적으로 우리의 신학을 과학에 맞추거나, 과학을 완전히 무시하는 것보다 더 좋은 방법을 선택할 수 있다. 바로 과학을 더 깊이 파고드는 것이다.

나는 창세기 1-11장이 창조 역사의 최초 사건들에 대한 일반적인 설명을 제공한다고 확신한다. 만약 그렇다면, 진화나 빅뱅 이론 같은 특정한 과학 모델은 재해석되어야 한다. 우리는 진화론자들이 표면적으로는 그들의 이론을 강력하게 뒷받침해 주는 수많은 데이터를 찾아낸 것 역시 인식할 필요가 있다. 그것을 일축해 버리는 대신, 그러한 데이터에 대한 더 나은 설명을 찾아야 한다. 정직한 질문을 던지고 그에 대한 답을 찾아야 한다. 우리가 원숭이에서 진화하지 않았다면, 하나님은 왜 우리를 원숭이와 그토록 닮게 만드셨을까? 만약 네안데르탈인이 우리의 친척이 아니라면, 그들은 누구인가? 멀리 떨어진 별에서 비추는 빛이 우주의 나이가 수십억 년이라고 확증해 주는 것이 아니라면, 그 빛은 우리에게 무엇을 **말해 주는가**? 이는 창조 과학자들이 물어야 할 합당한 질문들이다. 성경을 진리로 믿는 과학자로서 나는 진화의 증거가 불편하지 않다. 오히려 그것은 나로 하여금 하나님의 창조에서 정말로 무슨 일이 일어났는지 이해하기 위해 노력하도록 부추긴다. 우리가 신실하기만 하다면, 하나님은 언제나 우리를 진리로 이끄신다고 믿기 때문이다.

과학과 창세기와 관련된 이러한 복잡한 질문에 대한 답이 무엇이든 나는 언제나 하나님의 말씀에 대한 나의 단순한 믿음으로 돌아간다. 만약 내가 대럴이 말하는 것을 받아들인다면, 성경의 아주 명확한 부분은 그것이 실제로 말하는 바를 의미하지 않는다는 것을 인정해야 한다. 그렇다면 나머지 내용이 무슨 뜻인지 어떻게 확신할 수 있는가? 내게는 과학의 데이터를 읽는 다른 모든 방법을 탐구하는 편이 성경의 명확한 구절을 뒤집는 것보다 훨씬 쉽다.

### 연구와 묵상을 위한 질문

1. 토드는 성경을, 특히 창세기 앞부분을 신문이나 역사책처럼 읽는 경향이 있다. 이는 당신이 성경을 읽는 방식과 일치하는가?

2. 토드는 사람들이 창세기 처음 몇 장을 상징이나 신화로 읽는 것은 성경을 과학에 대한 그들의 관점에 맞게 만들고 싶어 하기 때문이라고 생각한다. 이는 정당한 비판인가? 당신은 그리스도인들이 성경이 가르치는 것을 현대 문화에 맞게 만들기 위해 그들의 이해를 바꿀 수 있는 다른 방법을 생각할 수 있는가?

3. 토드는 진화의 많은 증거를 알고 있지만, 우리가 성경과 과학 둘 다 계속 더 깊이 파고든다면 창세기 기사가 문자 그대로 사실임을 발견하게 될 것이라고 믿는다. 그러한 증거가 왜 아직까지 발견되지 못했다고 생각하는가?

4. 토드처럼 성경을 일차적으로 문자적 진리라고 여기면서 읽는 것은 어떤 면에서 위험한가?

5. 창세기 1장을 문자 그대로 받아들이는 가족들은 어떻게 그들의 자녀들이 진화를 접하고 그것에 반응하도록 준비시킬 수 있는가?

8장

# 이야기도 참일 수 있다

대럴 포크

서로에 대해 더 잘 알게 되면서 토드와 나는 성경에 대해 얼마나 비슷하게 생각하는지 다소 놀랐던 것 같다. 내가 의미하는 바는 우리 둘 다 성경이 진리라고 확신한다는 것이다. 우리 두 사람 모두는 성경을 믿는다고 말할 수 있다. 다시 말해, 우리는 성경이 믿을 만하며, 하나님은 성경을 통해 우리에게 말씀하시고, 우리를 가르치시며, 그분과의 올바른 관계로 이끄신다고 믿는다. 우리 두 사람 모두는 창세기 1:1 "태초에 하나님이 천지를 창조하셨다"는 말씀이 진리라고 확신한다.

그러나 사실 토드와 나는 창세기 1-11장에 아주 다르게 접근한다. 토드는 우리 대부분이 신문이나 역사책을 읽는 것처럼 성경을 읽는다. 그에게 성경은 사실들을 모아 놓은 것이며, 창조에서 시작하여 부활과 그리스도께서 "산 자와 죽은 자를 심판"하시고 "다함이 없을" 그의 나라를 세우시기 위해 마침내 돌아오시는 것으로, 하나님이 우리와 어떻게 관계를 맺게 되었는지에 대한 정확하고 문자 그대로의 설명이다. 내가 토드를 바로 이해했다면, 그는 불가능하거나 일어날 것처럼 보이지 않는 일들도 성경에 묘사된 그대로 일어났다고 믿는다. 따라서 창세기에서 하나님이 6일 만에 지구를 창조하신 것을 읽을 때에도 당연히 그것을 문자 그대로 받아들인다. 그리고 족보가 나오는 부분을 계산하여 지구가 상당히 젊다는 결론을 내린다. 따라서 그는 진화론을 받아들일 수 없는데, 성경이 지구와 그 안의 모든 것의 기원을 그것과 다르게 기술하기 때문이다.

아마도 바로 이것이 토드와 나의 근본적 차이일 것이다. 나는 창세기 1-11장을 신문을 읽을 때와 같은 방식으로 읽지 않는다. 대신, 나는 그것을 하나의 이야기, 즉 하나님이 세상과 우리 안에서 행하고 계신 일에 대해 우리가 이해할 수 있는 방식으로 서술한 하나의 서사로 읽는다. 때때로 성경은 성경의 시대에 일어난 실제 사건들에 대한 역사적 보고다. 하지만 나는 창세기 1장과 같이 성경은 종종 진리를 드러내기 위해 비유적 언어를 사용한다고 생각한다. 따라서 성경을 읽을 때, 예를 들면 에덴이라는 실제 동산과 뱀, 금지된 열매가 있었는지에 크게 신경 쓰지 않는다. 그런 것들이 실제로 있었을 수도 있지만, 설령 영원 안에 거하게 된 어느 날, '인간의 타락'으로 알려진 사건이 사실은 정확하게 창세기 3장에 기술된 방식으로 일어난 것이 아니었음을 알게 된다고 해도 그것 때문에 화가 나지는 않을 것이다. 대신, 성경을 읽을 때 나는 언제나 하나님이 이 구절에서 나에게 말씀하시고자 하는 것이 무엇인지 묻는다. 뱀과 사과가 있었든 없었든, 타락 이야기는 나에게 나의 죄악된 본성과 내가 유혹에 취약한 것에 대한 중요한 진리를 가르쳐 준다. 나는 아담과 하와라는 두 특정한 원형적 개인들이 실제로 존재한 것에 대해 전혀 문제를 느끼지 않는다. 톰 라이트(N. T. Wright), 존 월튼(John Walton), 스캇 맥나이트(Scot McKnight)가 설명하는 것처럼, 아담과 하와는 당시 존재하던 다른 사람들

가운데서 하나님과의 관계 안으로 들어가도록 특별히 선별된 두 명의 개인이었다고 생각한다. 바울과 예수님 자신이 아담과 하와를 역사적 인물로 언급한다는 점을 고려할 때, 이런 관점은 이치에 맞는 것처럼 보이고 과학적 데이터 역시 이러한 저자들이 내놓은 관점에 부합한다. 우리는 유전학을 통해 지구상에서 우리 종 가운데 단 두 명만 존재했던 시기는 없었다는 걸을 알고 있다. 그러나 성경에도 그에 대한 암시가 들어 있다. (예를 들어, 가인은 그의 여동생과 결혼했는가? 만약 그렇다면, 이야기에 그것이 왜 언급되지 않는가?)

창세기 1-11장의 사실적 정확성은 나에게 하나님의 메시지만큼 중요하지는 않다. 하나님이 에덴동산의 아담과 하와 이야기에서 우리에게 무엇을 드러내시는지가 내게는 가장 중요하다. 곧, 하나님은 사랑 안에서 우리를 창조하셨고, 서로와의 관계 안에 그리고 하나님과의 관계 안에 존재하게 하셨다. 그러나 하나님은 또한 사랑에 기인하여 우리에게 선택할 수 있는 자유를 주셨다. 아담과 하와는 "하나님처럼" 되고자 하는 유혹에 넘어갔고, 그리하여 하나님이 그들을 위해 펼쳐 주시는 길을 따라가기보다 그들 스스로 운명의 주인이 되려 했다. 그 결과, 하나님 앞에서 "벌거벗고 있었으나 부끄러워하지 않[으며]" 살아가는 대신 그들의 몸을 가리고 하나님으로부터 숨어야 할 필요를 느꼈고, 그럼으로써 하나님 앞에서 수치와 죄책감을 가지고 살아가게 되었다. 아담과 하와의 이야기는 하나님과의 관계 안에서 살았던 첫 번째 부부의 이야기 그 이상이다. 그것은 우리의 이야기이기도 하다. 우리는 창조주와의 언약 안에서 살아가기보다 우리가 하고 싶은 것을 스스로 결정하면서 '하나님처럼' 되는 것을 선택할 자유가 있다. 디트리히 본회퍼(Dietrich Bonhoeffer)가 『창조와 타락』(*Creation and Fall*)에서 그토록 아름답게 쓴 것처럼, 생명나무는 복음서에서 다시 등장하는데, 우리가 다시 한번 접근할 수 있게 된 그 나무 위에서 그리스도가 죽으심으로써 전 인류가 생명을 얻되 "더 풍성히 얻게" 되었다. 내가 가장 좋아하는 책들 중 몇 권에서 훨씬 더 많은 것을 말할 수 있고 실제로도 말했지만, 요점은 아담과 하와의 이야기는 역사 수업 그 이상이라는 것이다. 나는 심지어 이 지점에서도 토드와 내가 대체적으로 동의한다고 생각하지만, 말을 하는 뱀이 정말로 있었는지, 하와가 문자적으로 아담의 옆구리에서 창조되었는지, 심지어 우리의 순종을 시험하는 한 그루의 나무가 진짜 있었는지에는 관심이 없다. 내가 좀더 관심 있는 것은 그 이야기에 담긴 영원한 진리다.

창세기 1장 역시 마찬가지다. 이것은 너무도 참이기에, 과학적으로 증명 가능한 눈에 보이는 대로의 설명이 아니라 심상을 통해 표현될 수밖에 없는 이야기다.

비록 창세기 1-11장을 신문이나 교과서를 읽는 것과 같은 방식으로 읽지는 않지만, 나는 토드와 내가 그 메시지를 비슷한 방식으로 이해한다고 믿는다. 다만 그는 전체 이야기가 진짜 역사를 전달하도록 의도되었다고 생각하고, 나는 그렇지 않다고 생각할 뿐이다. 그 이야기는 온 우주의 하나님 그리고 창조된 우주의 위엄에 대한 광대하고 아름다운 그림을 그린다. 그 이야기는 이방 문화가 다른 신들도 존재하며 심지어 해와 달도 신이라고 보는 관점을 반박한다. 창세기 1장은 말한다. '그렇지 않다. 오직 유일하신 한 분의 하나님, 이스라엘의 하나님만이 계신다. 그가 해와 달을 포함하여 다른 모든 것을 창조하셨다.' 그 이야기는 바로 하나님이 누구이신지에 대한 경외감을 불러일으킨다.

창세기 2, 3장에 오면, 우리는 하나님에 대한 다른 그림을 보게 된다. 앞 장에서는 전능하고 강력한 우주의 창조주이셨다면, 이제 우리는 그분이 인간을 만들기 위해 무릎을 구부리고 한 줌의 흙을 움켜쥐시는 것을 본다. 나는 이것이 정말로 아름다운 그림이라고 생각하는데, 개개인을 사랑하시고 보살피시는 하나님, 인격적인 하나님을 보여 주기 때문이다. 온 우주의 하나님이 우리 한 사람 한 사람을 인격적으로 사랑하시고 보살피신다. 이렇듯 하나님에 대한 두 가지 관점을 나란히 배치시킨 것에는 아주 깊은 감동을 주는 무언가가 있다. 두 사람을 존재하게 하시고 그들에게 말을 거시고 그들을 위해 아름다운 동산을 만드시고 그들이 행복하게 살기 위해 필요한 모든 것을 갖춘 완벽한 세상을 주시기를 기뻐하신 창조주에 대한 그림은, 친절하고 사랑 많으신 하나님을 말해 줄 뿐 아니라 요한계시록에서도 보여 주듯 우리가 고대할 수 있는 무언가를 엿볼 수 있게 해 준다. 바로 하나님이 우리를 위해 열망하시는 완벽한 세상이 돌아오는 것 말이다. 그러나 우리는 그리스도와 그의 부활의 능력을 통해 그 세상에 들어가기 시작할 수 있다.

내가 염려하는 것은, 많은 사람들이 성경을 신문이나 교과서를 읽을 때처럼 읽을 때 그 세부 내용의 사실적 정확성에 지나치게 사로잡힌 나머지 하나님의 메시지를 놓칠 수도 있다는 점이다. 토드가 그렇다는 말은 아니지만, 예를 들어 하나님이 우리에게 말씀하고 계신 것을 이해하고 인식하는 것에 초점을 맞추기보다 뱀이 실제로 말을 했다고 사람들을 설득하는 데 더 중점을 두는 경향이 있다고 본다. 성경 본문의 메시지를 받아들이고 적용하기 위해 동산에서 일어난 일에 대한 모든 세부 사항을 믿을 필요는 없다. 나의 책 『과학과 화해하기』(*Coming to Peace with Science*)에서 설명했듯, 사도 바울은 하나님에 대한 위대한 진리는 종종 인간의 지혜가 아닌 계시로부터 온다고 가르친다. 혹은 바울의 표현을 따르면, 우리는 하나님이 우리에게 "성령께서 가르쳐 주시는 말로" 주신 것을 이해한다. "다시 말하면, 신령한 것을 가지고 신령한 것을 설명하는 것"이다(고전 2:11-13).

창세기 1-11장을 이런 방식으로 읽는 것이 나에게 왜 그렇게 중요한가? 앞에서도 말했듯, 나는 어렸을 때 내가 사실임을 아는 것과 내가 성경에서 읽었던, 정확하지 않은 것처럼 보이는 일부 내용을 조화시키는 데 어려움을 겪었다. 이사야서에서 그리고 요한계시록에서 또다시 성경은 '세상의 네 모퉁이'를 언급한다. 나는 이것이 참일 수 없음을 알았고, 그것은 어린 시절 순진한 의문을 불러일으켰다. 이후 나의 신앙적 방황이 전적으로 그러한 의문 때문만은 아니었음을 명확히 하고 인정할 필요가 있다. 당시 나는 정말로 성경에 대해 그다지 신경 쓰지 않았고, 나의 일을 하나님을 포함한 다른 모든 것보다 우선시했다. 그러나 과학 공동체나 일반 문화에서 창세기의 창조 기사를 문자적으로 받아들여야 한다고 믿을 때 많은 이들이 신앙을 포기한다. 그들은 단지 젊은 지구 창조론의 '사실들'을 반박하는 엄청난 양의 증거를 무시하거나 버릴 수 없기 때문이다.

그러나 꼭 그럴 필요는 없다. 내가 창세기의 이 본문을 읽는 방식처럼, 즉 모든 것에 생명을 주시는 창조주 하나님이 우리를 어떻게 사랑하시며 우리와 관계를 맺고 싶어 하시는지 말해 주는 아름답고 매혹적인 서사로 읽으면 된다. 그것은 동산에서 시작해서 우리가 그분과 함께 영원히 살 수 있는 동산-도시로 끝나는 이야기다. 그것은 인간의 상태에 관한 이야기이며, 우리가 어떻게 스스로 신이 되기를 선택했는지, 그러나 "자기를 비워서 종의 모습을 취하시고…자기를 낮추시고 죽기까지 순종하셨으니, 곧 십자가에 죽기까지 [하신]" 그 아들의 희생으로 그러한 상태에서 은혜로 구출될 수 있는지에 관한 이야기다(빌 2:7-8). 바로 그것이 창조 이야기의 완전성에 대한 주제다. 비록 토드와 나는 성경의 이 부분을 다르게 읽지만 그 메시지에 동의하고 세상이 그 메시지를 들을 필요가 절실하다는 데 동의한다고 말할 수 있는 이유다. 나는 하나님의 말씀을 사랑하고 전적으로 신뢰한다. 그리고 나는 다른 이들도 그것을 믿을 수 있다는 것을 알았으면 한다. 본문의 과학적 정확성이 아닌 그 메시지에 초점을 맞추도록 돕는 것은, 그들이 하나님의 말씀을 신뢰하도록 도울 것이다.

어떤 이들은 내가 방금 말한 것을 불편하게 여길 수 있음을 안다. 그들은 내가 이 본문을 읽는 방식이 성경을 유일무이하게 계시된 하나님의 말씀으로 생각하지 않는 자유주의 신학자들과 다를 바 없으며 그들의 영향을 반영한다고 생각할 것이다. 만약 내가 창세기를 하나님이 온 우주를 창조하신 방식에 대한 은유로 읽는다면, 결국 부활이 실제로 일어나지 않은 비슷한 이야기라고 결론짓지 말라는 법이 어디 있겠는가?

정당한 염려다. 자유주의 신학은 성경에 대해 다소 낮게 보는 경향이 있다. 성경을 단지 한 민족, 즉 이스라엘과 그들이 하나님과 맺는 관계에 관한 기사로 보는 것이다. 또한 자유주의 신학은 인류를 구원하기 위해 내려오시는 하나님에 대한 생각을 경시하거나 경우에 따라서는 부정하고, 구속과 은혜의 아름다운 이야기를 인간 스스로의 노력을 통해 사회를 변화시켜야 할 책임으로 대체시키기도 한다.

복음주의 그리스도인으로서 나는 성경을 하나님이 우리와 어떻게 관계를 맺으시는지에 대한 하나님의 영감으로 쓰인 책으로 온전히 받아들인다. 그 메시지는 하나님이 우리에게 바라시는 삶의 방식, 그분과의 인격적 관계 안에서 살아가는 삶을 가르치고 안내해 준다. 사회에 영향을 끼치고 그것을 더 낫게 만들 책임은 여전히 나에게 있지만, 그 일은 오직 내 안에서 그리고 나를 통해 일하시는 성령의 능력을 통해서만 일어날 수 있음을 안다. 창세기 처음 몇 장을 제외하고는, 과학은 하나님이 돌판에 십계명을 새겨 주신 것이나 예수님이 물을 와인으로 변하게 하신 것 혹은 부활 같은 독특한 사건들을 입증하거나 반증하지 못하며, 바로 그곳이 신앙이 개입하는 지점이다. 나는 성경이 참되다고 믿는다. 나는 성경의 메시지를, 우리가 어떻게 살아야 하며 다른 사람들을 어떻게 대해야 하는지에 대한 그 가르침을 신뢰할 수 있다고 믿는다.

성경은 신문이나 교과서를 훨씬 뛰어넘는 그 무엇이다. 지구의 나이에 관한 과학적 사실을 모아 놓은 것보다 훨씬 더 풍성하고 심오하다. 하나님이 성경의 각 장에서 나에게 말씀하시고자 하는 메시지에 귀 기울일 때, 나는 언제나 하나님께로 나를 이끌어 주며, 죄에 빠진 인류를 구원하시기 위한 그분의 계획에 동참하도록 초청하는 유일무이하고 아름다운 이야기를 듣는다.

나는 토드가 성경을 나와 동일한 방식으로 읽는다는 것을 알게 되었다. 우리의 주된 차이는 창세기의 처음 몇 장을 얼마나 문자 그대로 받아들이는지에 있다. 하나님이 모든 인류를 향해 말씀하시는 사랑과 구속의 메시지에 관해서라면 우리 둘 다 생각이 동일하다.

**연구와 묵상을 위한 질문**

1. 대럴은 성경을 이야기 모음집으로서 일부는 사실적 이야기로, 일부는 비유적 이야기로 읽는다. 당신은 성경을 어떤 식으로 읽는가? 당신과 다른 방식으로 성경을 읽는 사람들과 관련해 어떤 점을 우려하는가?

2. 토드와 대럴은 어떤 면에서 성경에 대해 의견이 일치하는가?

3. 성경 읽기에서 가장 중요한 측면은 세부 사항에 집착하는 것이 아니라 그 메시지를 듣고 거기에 반응하는 것이라는 대럴의 생각에 동의하는가? 이유는 무엇인가?

4. 대럴처럼 성경을 읽을 때, 즉 어떤 부분들을 역사적 사실이 아닌 비유로 볼 때, 어떤 위험이 존재하는가?

5. 성경에 신실하고자 하는 동시에 대럴과 같은 방식으로 성경을 읽는 기독교 가정에서는 자녀들에게 창세기를 어떻게 가르쳐야 하는가? 어느 연령이 되었을 때, 하나님이 정확하게 창세기 1장에 묘사된 것과 같은 방식으로 세상을 창조하신 것은 아니라고 가르치는 것이 좋을까?

## —— 막간 4: 신학 뒤의 과학

**랍 배럿, 골로새 포럼**

기원과 관련된 과학이라면, 대럴이 모든 카드를 쥐고 있는 것처럼 보인다. 수많은 과학자들이 진화에 대한 우리의 이해를 개선하기 위해 한 세기 넘게 부지런히 연구해 오고 있다. 진화론을 뒷받침하는 증거는 너무 많아서 과학 전문가라도 그것을 모두 제대로 이해하는 사람은 한 명도 없을 정도다. 토드조차 이에 대해 동의할 것이다.

그러나 과학 연구에 관한 한 가지 사실은 현재의 이론에 들어맞지 않는 관측 역시 언제나 존재하기 마련이라는 것이다. 때로 이러한 불일치는 단순한 실수이거나 오해다. 그러나 지배적인 과학 이론도 여기저기 바로잡아야 할 필요가 있는 경우 역시 제법 있다. 많은 과학자들은 간헐적이고 흔치 않은 결과를 무시하는 반면, 어떤 과학자들은 그러한 결과를 중요한 뭔가의 발단으로 간주하면서 그것과 씨름한다. 1900년대 초, 당시의 물리 법칙에 들어맞지 않는 사소한 실험 결과들이 존재했다. 창조적이고 인내심 있는 일부 과학자들은 그러한 문제를 계속 연구했고, 그로부터 상대성과 양자 역학이라는 새로운 물리학이 탄생하게 되었다.

토드는 사소한 불일치에 초점을 맞추는 종류의 과학자다. 그는 진화의 많은 증거를 받아들이는 몇 명 되지 않는 젊은 지구 창조론자 중 한 명이고, 그는 그러한 증거를 반박하는 데 많은 시간을 쓰지 않는다. 대신에 그는 과학자로서 자신의 기술과 지식을, 그가 6일 만에 창조된 젊은 지구를 입증하기 위한 출발점을 제공한다고 믿는 예외들을 집요하게 파고드는 데 사용하고 있다. 그는 지금까지 중요한 진척을 이루지 못했음을 가장 먼저 인정하겠지만, 젊은 지구를 뒷받침하는 설득력 있는 증거가 반드시 드러날 것이라고 믿는다. 그가 성경을 이해하는 바에 따르면 그러한 증거가 드러나는 것은 필연적일 수밖에 없고, 그는 그것을 발견하는 데 일부가 되고 싶어 한다. 대럴은 진화론에 남아 있는 어떤 문제도 일반적인 과학적 절차를 통해 설명될 것이라고 믿는다. 그는 과학이 진화론을 거대한 실수로 볼 가능성은 매우 낮다고 생각한다.

그리스도인으로서 또한 과학자로서 토드와 대럴은 그들이 아는 것과 알지 못하는 것에 대해 정직하게 말해야 할 책무가 있다. 그렇게 하는 것이 언제나 쉽지는 않다. 그들 각자는 신앙을 과학과 화해시켰지만, 서로 다른 방식으로 그렇게 했다. 대럴은 진화의 증거를 받아들이며, 그것이 그의 신앙과 전적으로 양립 가능하다고 생각한다. 토드는 창세기의 역사적 정확성을 받아들이며, 그것이 과학과 모순된다고 생각하지 않는다.

이 두 사람과 그들의 갈등을 알고자 한다면, 우리는 힘들더라도 그들의 과학적 전문 영역으로 들어가 보아야 한다. 나는 과학의 언어와 개념이 일반 평신도들에게 위협적일 만치 낯설고 복잡할 수 있다는 것을 안다. 대럴과 토드에게는 그러한 문제들이 아무리 흥분되는 것일지라도 어떤 이들에게 그 세부 내용은 머리 아플 정도로 따분해 보일 수 있다. 따라서 나는 우리의 과학자들에게 기원에 대한 그들의 과학적 입장을 지나치게 단순화하지는 않되, 가능한 한 쉽게 설명해 달라고 부탁했다. 이 두 사람의 관점 뒤에 있는 과학에 대해 더 자세한 설명이 필요한 사람들은, 대럴의 책 『과학과 화해하기』와 그의 유튜브 채널 "대럴 포크와 함께 과학과 화해하기"(Coming to Peace with Science with Darrel Falk)와 토드가 관리하는 웹사이트 www.humangenesis.org를 참고하기 바란다.

# 9장

# 압도적 증거

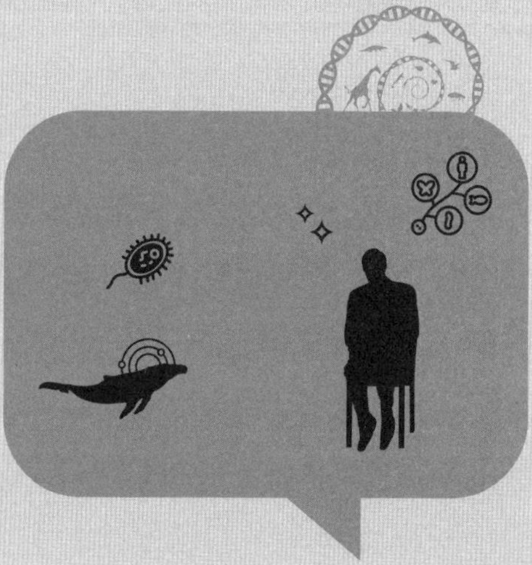

대럴 포크

어떤 이들에게는 과학자들의 연구가 복잡하고 헷갈려 보이겠지만, 사실은 아주 간단하다. 우리는 기본적으로 사물을 관찰하고, 우리가 보는 것을 설명하려고 한다. 우리가 본 것을 바탕으로 우리가 관찰한 것을 설명하기 위한 가설을 세운다. 이 가설은 "이러이러한 것이 맞다면, 우리는 저러저러한 것을 예측할 수 있다"라는 특정한 예측을 이끌어 낸다. 그런 다음 예측이 유효한지 확인하기 위해 실험을 한다. 예측이 틀린 것으로 드러난다면, 가설이 틀린 것이다. 예측이 맞았다면, 가설이 옳을 가능성이 있다. 결국 수많은 예측을 실험한 뒤, 그중 하나도 틀리지 않은 것으로 드러나면, 과학자들은 가설이 옳을 가능성이 높다는 결론을 도출한다.

다윈의 자연 선택 과정을 통한 진화론은 하나의 가설보다 광범위하다. 그것은 생명의 다양성의 기원을 설명하고자 하는 포괄적 시도다. 지난 150년 동안, 그 이론은 많은 가설을 세웠다. 그 한 예는 다음과 같다. 만약 진화가 맞다면, 어류에서 육지 동물(사지동물)로 연결되는 중간 단계의 생물이 존재하던 시기가 있었을 것이다. 연대 추정법에 따르면, 육지 동물이 지구에 처음 나타난 것은 3억 7천만 년 전이다. 2004년까지는 제대로 된 중간 단계 종이 발견되지 않았다. 닐 슈빈(Neil Shubin)[1]과 그의 동료들은 진화론의 예측이 맞다면, 3억 7천만 년보다 약간 더 오래된 암석을 잘 탐색하면 분명 어류와 비슷하면서도 사지동물의 특징을 가진 종들의 화석을 발견할 것이라는 가설을 세웠다. 그들은 그 시기에 형성된 지구 암석층은 거의 존재하지 않는다는 것을 알았지만, 캐나다 북부에서 한 곳을 확인했다. 1999년부터, 그들은 예상되는 특징을 지닌 화석을 찾기 위해 팀을 이루어 암석층을 탐색했다. 5년 동안 그 팀은 매 여름마다 그 지역으로 가서 화석을 찾아 아주 조심스럽게 탐사했다. 처음 네 번의 여름 동안, 그들은 아무것도 발견하지 못했다. 탐사 프로젝트의 마지막 해로 결정한 2004년 여름이 끝나갈 무렵, 그들은 정확하게 예측했던 특징을 가진 종들의 거의 완벽한 표본을 발견했다. 분명한 어류의 특징과 분명한 사지동물의 특징을 동시에 가진 화석이었다. 결과는 그들이 세운 가설과 맞아떨어졌다. 그런데 이 논의에서 가장 중요한 것은, 이러한 예가 진화론의 다양한 측면에 대해 검증이 행해진 엄청나게 많은 가설 중 하나일 뿐이라는 것이다. 모든 가설이 다 검증된 것은 아니다. 최초 이론의 일부 측면은 틀린 것으로(혹은 적어도 불완전한 것으로) 판명되었다. 예를 들면, 결과적으로 이제 자연 선택은 생명의 다양성에 영향을 준 유일한 요인이 아니라는 것은 분명하다. 다윈은 자신의 이론을 정립할 때 유전자에 대해서도 몰랐다. 지금 우리는 유전적 부동(genetic drift)이라고 알려진 현상 역시 생명의 다양성에 중요한 영향을 끼치는 것을 안다.

요점은 이것이다. 과학은 이론을 세워 가는 과정을 통해 작동한다. 하나의 이론은 종종 그 이론의 다른 측면을 실험하는 수백 명의 과학자들이 세운 수많은 일련의 가설을 통해 검증된다. 그러한 실험의 결과에 따라, 이론의 일부 측면이 특정 가설과 일치하지 않는 것으로 드러나면서 이론은 수정될 수 있다. 그것이 진화론에 해당되는 상황이다. 수천 명의 과학자들이 진화론의 다른 측면들을 살펴보는 수천 개의 가설을 검증했다. 그러한 실험은 이론 자체를 검증하기 위해서라기보다는(진화론은 이미 압도적으로 확증되었다고 여겨진다), 이론을 정교하게 다듬고 그 작동 기제를 더욱 심오한 수준에서 이해하기 위해 행해진다. 정교하게 다듬어지는 과정이 150년 동안 진행되었지만, 공통 조상에서 내려왔다는 대원칙과 모순되는 것으로 보이는 측면은 하나도 없었다. 뒤에서 몇 가지 가설을 더 살펴보겠지만, 나는 먼저 이러한 논의를 토드와 내가 하고 있는 토론의 맥락으로 되돌리고 싶다.

그리스도 안에서 형제 된 토드에 대해 내가 염려하는 점은, 그는 검증을 거쳐 진화론에 부합하는 것으로 밝혀진 수많은 가설에 대해 매우 잘 알고 있음에도 불구하고, 전문 교육을 받은 세계의 거의 모든 진화생물학자들이 공유하는 결과를 받아들이지 못한다는 것이다. 그의 과학적 전문성에 의문을 품는 것은 아니지만, 나는 그가 하고 있는 것이 과학인지 잘 모르겠다. 내가 왜 그렇게 말하는지 설명하기 위해 한 예를 들어 보겠다. 지구가 태양 주위를 도는 사실을 받아들이지 못하는 사람을 안다고 하자. 그는 말한다. "하늘을 봐. 분명히 태양이 움직이고 있잖아. 우리는 매일 해가 뜨고 해가 질 때까지 태양이 움직이는 것을 볼 수 있어. 심지어 그 움직임을 저속 촬영으로 기록할 수도 있어. 실제로 지구가 움직이는 것을 본 사람이 있어?" 그런 생각을 가지고, 그 사람은 지구가 아닌 태양이 움직이는 새로운 모델을 개발한다. 어쩌면 그는 심지어 그가 제안한 태양의 운동을 일으키는 원인을 제안할지도 모른다. 그는 자신의 모델이 맞다면 어떤 일이 일어날지에 대한 예측을 수립한 뒤 실험에 착수하고, 그것을 위해 별과 은하계에 대한 그의 광범위한 지식을 사용한다. 이 사람은 과학을 하고 있는 것인가?

토드는 내가 자신에 대해 이런 식으로 느낀다는 것을 안다. 그리고 그와 정말로 아름다운 그의 의도를 사랑하고 존중하는 나 또한 이런 말을 해야 하는 것은 몹시 마음 아픈 일이다. 토드는 우리가 성경을 거의 같은 방식으로 읽는다는 것을 안다. 우리 모두가 성경에는 비유적 언어로 된 부분들이 있다는 것을 알고 있음을 고려할 때 창조 이야기 역시 언제나 두 가지 방식으로 해석되어 왔다. 과학적으로 입증된 수천 가지 가설은 성경의 창조 서사가 문자적으로 이해하도록 만들어지지 않았다는 생각에 부합한다. 따라서 거기에는 창조주이신 하나님과 그분의 피조물인 우주 그리고 우리 인간이 그 안에서 맡도록 하신 역할에 대한 영원한 진리를 드러내기 위해 사용된 시적 요소가 포함되어 있다. 토드뿐 아니라 그와 비슷한 견해를 가진 다른 많은 친구들은 자신들의 해석이 옳다고 확신하기에 계속 버틴다. 대부분의 사람들은 증거의 깊이를 모르지만, 토드는 알면서도 어쨌든 계속 버틴다. 바로 이런 점이 나를 염려하게 한다. 그런 태도는 하나님이 우리에게 주신 분석적 사고력이 우리를 진리에 근접한 어떤 것으로도 이끌지 못한다는 생각을 암시하기 때문이다. 나는 그런 생각에 동의할 수 없다. 내가 볼 때, 이에 대한 토드의 의심은 우리가 무언가를 아는 것과 관련해 우리의 정신을 신뢰할 수 있는지에 관해 광범위한 파급 효과를 갖는다. 이것이 정말로 우리가 신뢰하며 성경이 말하는 하나님의 본성에 부합하는가? 나는 인간의 정신이 죄로 인해 왜곡될 수 있음을 안다. 그렇게 믿는 것은 성경적이다. 그러나 여기서 문제는 그것이 아니다. 토드와 나는 둘 다 주님을 사랑하고 삶에서 다른 어떤 것보다 그분을 따르고자 하며, 생물학자로서 우리 두 사람 모두 데이터에서 정확하게 똑같은 것을 본다. 바로 진화론을 압도적으로 뒷받침하는 증거다. 그런데 우리 중 한 사람은 하나님이 창조에 관해 시적인 방식으로 말씀하지 않으실 것이라는 확신 때문에, 압도적 가능성에도 불구하고 인간의 이성을 신뢰하지 않는다. 그러나 이것이야말로 그것에 관한 자신의 추론 능력에 대한 일종의 신뢰가 아닌가? 하나님이 창조 이야기를 하실 때 어째서 시적 양식을 사용하지 않으시는지에 대한 자신의 추론은 어째서 신뢰해야 하고, 과학적 데이터의 견고함에 대한 추론은 어째서 신뢰하지 말아야 하는가? (시적 양식이 아니라는) 특정 해석이 옳다고 믿는 것이 좀더 영적인가? 나는 그렇게 생각하지 않는다. 어쨌든 토드는 자신이 옳다고 계속 생각할 가능성이 크고, 나 역시 내가 옳다고 계속 생각할 것이다. 그러는 동안에도 우리는 십자가 아래 함께 있다. 우리 둘 다 각자 이해하는 바에 따라 하나님의 인도하심을 따라가기 위해 최선을 다하면서, 또한 둘 다 하나님은 우리 중 누가 틀렸는지에 대한 진실을 왜 그냥 드러내 주시지 않는지 약간 혼란스러워하면서 말이다.

하나님은 우리를 왜 이런 딜레마 안에 남겨 두시는 걸까? 나는 이 질문과 함께 흔들리지 않는 벚나무 잎에 대한 질문으로 돌아오게 된다고 생각한다. 하나님은 우리에게 자유를 바라신다. 신비가 반드시 나쁜 것은 아니다. 어쩌면 약간의 어슴푸레한 안개와 약간의 모호함은, 자유가 있는 창조 세계에서 살아가는 것이 무엇을 의미하는지와 연결해 볼 때 본질적이고 바람직한 부분일지 모른다. 그것이 없다면 우리 존재는 로봇이나 마찬가지일 것이다. 모든 것을 알고 모든 것을 교과서 같은 형식으로 드러낸 주인은 우리 스스로 알아낼 수 있는 어떤 것도 남기지 않는다. 고린도전서 13장의 어떤 번역본에 따르면, 바울은 이를 "유리를 통해 침침하게 보는 것"이라고 부른다. 우리 모두가 안개 속에서 보는 이 시간 동안, 바울은 울리는 징이나 요란한 꽹과리가 될 수 있는 위험에 대해 상기시킨다. 대신 우리는 조화로운 사랑의 악기들이 되어야 한다. 우리가 동일한 음을 내지는 않을 수 있지만, 서로 다른 우리의 음이 동일한 찬양의 악기를 통해 나오게 할 수는 있다.

이제 진화의 증거가 얼마나 견고한지에 대한 질문으로 돌아갈 시간이다. 나의 이야기에서 나는 한 가지 분명한 예를 들었다. 공통 조상 진화론은, 캐나다에서 발견된 적정 시대의 특정 암석층을 충분히 주의 깊게 조사한다면 어류와 네 발 달린 육지 동물 사이의 중간기 동물의 화석을 발견할 것이라는 예측으로 이어졌다는 것이다. 내가 말하고자 하는 바는 진화론이 검증 가능한 수많은 예측을 내놓는다는 점이다. 몇 가지 예를 더 들어 보겠다. 가령, 진화론은 만약 우리가 암석의 연대를 성공적으로 맞출 수만 있다면, 그 안에서 발견되는 화석은 가장 오래된 암석 안의 단세포 유기체로부터 암석의 연대가 젊어질수록 점점 더 복잡한 유기체로의 발전 단계를 보여 줄 것이라고 예측한다. 이것이 바로 발견된 바다.

과학자들은 방사성 동위 원소 감소율에 근거해 다양한 암석 및 다른 물체의 연대를 아주 정확하게 측정하는 방법인 방사선 연대 측정법을 개발했다. 이는 복잡하게 들리고 어떤 면에서는 정말로 그렇기 때문에 자세히 이야기하지는 않겠다. (혹시 그와 관련된 과학에 정말 관심이 있다면, 나의 책 『과학과 화해하기』 3장에 이에 대한 설명을 하고 있음을 알린다.) 과학자들은 방사성 연대 측정을 이용해 지구의 나이가 43억 년에서 46억 년 사이임을 확정했다. 이 나이는 단 한 번의 방사성 측정이 아닌 여러 번에 걸친 측정으로 확인되었다. 동위 원소를 사용해 광물의 나이를 결정하는 마흔 개의 다른 실험이 있으며, 모든 실험 결과가 지구는 아주 오래되었다는 똑같은 결론을 도출했다. 하나의 동위 원소를 이용해 측정된 나이를, 다른 반감기를 갖는 일련의 다른 동위 원소들을 사용하여 교차 점검하는 방법도 빈번하게 사용된다. 이런 작업이 완료되면, 암석에서 발견된 화석의 종류에서 분명한 발전 과정이 있음을 보게 된다. 10억 년 이상 된 암석에서는 다세포 식물이나 동물의 화석 혹은 그런 것의 일부도 발견되지 않았다. 10억 년보다 오래되지 않은 암석의 화석 기록에서는 때로 다세포 유기체의 흔적이 보인다. 그러나 처음에는 아주 단순한 유기체다. 5억 4300만 년 정도의 암석부터 오늘날 나타나는 주요 동물 문(門, 그룹) 대부분을 포함하기 시작한다. 그러한 동물 그룹은 작고 상당히 단순하며, 좀더 최근의 암석(말하자면 2억 5000만 년이나 그 이후의)에서 발견되는 어떤 종도 포함하지 않는다. 그러나 점점 더 최근의 암석을 조사하면서 시간에 따라 이동하다 보면 진전이 있다. 먼저 5억만 년경의 암석에서 어류가 등장한다. 다른 척추동물은 발견되지 않으며, 그 시대의 암석에서는 오직 어류만 발견된다. 양서류는 3억 7000만 년경의 암석에서 처음 나타났고 이후 현재까지의 표본에서 계속 발견된다. 파충류는 그보다 약간 더 뒤에 나오고(3억 2000만 년경), 약간 더 뒤에 포유류가 나온다(2억 3000만 년). 내가 말하려는 요점은 이것이다. 과학은 진화가 맞다면 암석의 연대에 상응하여 거기에 들어 있는 화석이 단계적 발전을 보여 줄 것이라는 가설을 검증하게 해준다. 가설은 수백 번 반복적으로 실험되었고, 연대를 측정한 암석에서 그동안 설명한 패턴에 부합하지 않는 화석이 발견되었다고 알려진 경우는 단 한 건도 없다.

인간은 어떠한가? 첫 번째 영장류는 5500만 년 된 암석에 이르러서야 화석 기록이 발견된다. 인간은 영장류이기 때문에, 당연히 인간과 유사한[과학 용어로는 호미닌(hominin)이라고 분류되는] 화석은 이보다 오래된 암석층에서는 발견되지 않는다. 사실상 지질학자들은 지구의 표면을 샅샅이 뒤져서 지금까지 수천 개의 호미닌 화석을 발견했지만, 그중 500만 년 이상 된 암석에서 나온 것은 하나도 없다. 이는 호미닌 화석이 연대가 측정된 암석층 연대 범위의 오직 약 0.1퍼센트에서만 발견된다는 의미다. 다른 수많은 유기체의 화석은 다양한 연대의 암석층에서 발견되지만, 호미닌 화석은 상대적으로 젊은 암석층에 이르러서야 발견되는 것이다.

이제 중요한 다음 관찰로 넘어가 보자. 전 세계적으로 200만 년과 500만 년 사이에 형성된 암석층에서는 호미닌 화석이 발견되지 않는다. 단 한 대륙, 아프리카를 제외하고는 말이다. 정말로, 북아메리카나 남아메리카에서는 약 18,000년 이상 된 호미닌 화석이 발견되지 않았다. 물론 그곳에도 약 18,000년보다 오래된 암석층이 존재하지만, 거기에는 호미닌 화석이 들어 있지 않다. 아시아에서는 호미닌 화석이 약 180만 년부터 발견되고, 유럽은 약 100만 년부터 발견된다. 이러한 지역적 국지성은 호미닌이 세계의 한 지역, 바로 아프리카에서 나온 단일한 진화적 혈통을 통해 나왔다는 가설에 부합한다. 이는 다윈이 인간과 가장 유사한 종들이 거기에서 발견된다는 사실에 근거하여 150년 전에 예측했던 것이다. 그들은 결국 아시아와 유럽에서도 나타나기 때문에, 이러한 조사 결과들은 한 집단이 200만 년 전에 아프리카에서(아마도 수 세대에 걸쳐) 아시아로 이주했고, 그들의 후손 중 일부는 결국 유럽으로 이주했음을 시사한다. 바다는 당연히 그들이 북아메리카와 남아메리카까지 오는 것을 막는 장애물이었고, 따라서 서반구의 암석층에서는 호미닌이 존재한 전체 시기 가운데 마지막 0.5퍼센트에 이르기 전까지는 호미닌이 나타나지 않는다.[2]

토드 역시 이 데이터들을 잘 알고 있으며, 기본적으로 다양한 호미닌 종들은 동시에 존재했던 고유한 피조물이며 차후에 멸종했다고 생각한다. 토드처럼 나도 그들의 존재는 하나님이 인류를 창조하기 위해 선택하신 과정의 결과물이라고 생각한다. 그렇지만 토드가 제안하는 것은, 나의 유전학 분야에서 축적되어 온 방대한 양의 데이터가 없을 때에만 타당한 가능성을 지닐 수 있다. 나는 대학교에서 처음으로 유전학을 접했을 때 느꼈던 흥분을 잊지 못할 것이다. 다른 곳에서 나는 이렇게 썼다. "단일 세포가 살아 있는 과정과 배아의 발달 계획이 전개되고 조직되는 것은 하나의 웅장한 교향곡 같았고, 내 나머지 인생을 그러한 교향곡 편성을 연구하는 데 사용하는 것보다 더 큰 지적 즐거움은 발견할 수 없으리라고 느꼈다."[3] 내 고등 교육 경력의 주요 초점은 유전학이었고, 연구를 하고 배워 갈수록 일어난 모든 일이 유신론과 놀랍게 부합한다고 점점 더 확신하게 되었다. 그것의 아름다움과 과정은 우리가 계시(성경)와 개인적 경험으로부터 알게 되는 사랑 많으신 하나님이 자신의 목적을 시간을 통해 이루신다고 할 때 정확하게 우리가 기대할 수 있는 것이다. 하나님이 의도하신 설계와 하나님의 섭리적 주관하심은 새로운 생명 형태들이 만들어지는 생명의 과정 내내 역사한다.

예를 들면, 우리는 유전인자를 관찰할 수 있다. 우리는 유전학을 통해서도 인간 역시 진화 과정을 통해 창조되었음을 거의 확실히 알게 된다. 내가 왜 그렇게 생각하는지에 대해 어느 때보다 간략하게 설명해 보겠다. 내가 선택할 수 있는 많은 예 가운데 하나는 이것이다. 유전인자들이 위치한 DNA 분자들이 긴 끈 형태로 존재하는 염색체 안에는 한 위치에서 다른 위치로 아주 천천히 이동하는 수십만 개의 작은 DNA 조각들이 있다. 평균적으로, 어떤 특정 유전 요소가 새로운 위치로 이동('점프')하는 것은 50만 세대마다 한 번꼴로 일어난다. (우리가 점핑 속도 근사치를 결정할 수 있는 것은 이러한 유전인자가 아주 많기 때문이다.) 따라서 하나의 특정 인자는 점프를 거의 하지 않는다고 해도, 인자들이 너무 많기 때문에 우리는 때로 특정한 움직임을 추적할 수 있고, 그렇게 해서 일반적인 이동 속도를 추론하여 측정할 수 있다. 요점은 이것이다. 침팬지와 인간의 경우, 많은 유전인자가 **정확하게** 같은 위치에 있다. (기능적으로 그 인자들이 그 위치에 있어야 할 특별한 이유는 없는 것으로 밝혀졌다.) 이는 침팬지와 인간이 500만 년이나 600만 년 전에 존재했던 공통 조상의 종에서 내려왔으며, 유전인자들이 새로운 위치로 점프하는 것이 얼마나 느리게 일어나는지를 감안할 때, 그 대부분이 여전히 그 공통 조상과 동일한 위치에 있을 것이라는 가설과 부합한다. 오랑우탄의 염색체에서 이러한 점프를 일으키는 인자들의 위치를 비교한다면, 동일한 위치에 있지 않을 확률이 더 높다. 이는 오랑우탄과 인간이 공통 조상을 갖지만(많은 인자들은 여전히 **정확하게** 동일한 위치에 있다), 그 조상은 훨씬 더 먼 과거에 존재했을 것이라는 가설에 부합한다. 긴팔원숭이(gibbon)는 또 다른 영장류이며, 다양한 해부학적 특징을 비교해 보면 오랑우탄보다 인간과 더 먼 관계에 있다. 긴팔원숭이에게서 점프를 일으키는 유전인자들의 분포를 조사해 보면, 많은 수는 여전히 인간과 **정확하게** 동일한 위치에 있지만 이동한 유전인자의 비율은 더 높다. 이는 긴팔원숭이와 인간이 오랑우탄의 경우보다 더 먼 과거에 존재했던 공통 조상의 종에서 왔고, 따라서 유전인자가 점프를 일으킬 수 있는 시간이 훨씬 더 많았을 것이라는 가설과 부합한다. 다시 말하지만, 유전인자들이 정확하게 동일한 위치에 있어야 할 기능적 이유는 없기 때문에, 이 데이터는 두 계통에서 각각 수십만 세대 동안 정자와 난자를 통해 염색체가 계속해서 내려온 것을 반영한다.[4] 과학자인 동시에 그리스도인으로서 나는 진화의 압도적 증거에 대해 세 가지 반응이 가능하다고 본다. 누군가는 지구가 아주 오래되었고 생명이 수백만 년에 걸쳐 진화했다는 것에 동의하고, 따라서 성경의 창조 기사가 틀렸다고 결론지을 수 있다. 거의 모든 진화생물학자가 이런 반응을 선택했고, 그 과정에서 기독교 신앙을 완전히 버렸다. 두 번째 경우, 증거를 받아들이면서도, 여전히 지구가 아주 오래되었고 생명이 오랜 시간에 걸쳐 진화했다고 확신하기엔 아직 부족하다고 주장할 수도 있다. 바로 이것이 토드와 다른 젊은 지구 창조론자들이 선택한 반응이고, 바로 이것이 과학계가 젊은 지구 창조론자들을, 어떤 경우에는 그들의 기독교 신앙까지도 진지하게 받아들이지 않는 이유다. 세 번째로, 우리는 진화의 증거를 성경의 창조 기사와 조화시키는 방법을 찾고자 노력할 수도 있다.

앞에서도 썼듯이, 처음에 나는 공부 중이던 과학과 창세기 1장의 문자적 해석을 조화시킬 수 없었고, 결국 얼마간 기독교 신앙에서 멀어져 있었다. 정확하게 말하자면, 앞에서 언급했듯이 신앙을 저버린 것이 단지 이러한 기원 문제만은 아니었다. 학계의 고상한 분위기에서 신진 유전학자로서 나는 경력뿐 아니라 당시에는 복음주의 그리스도인의 삶보다 더 세련되고 신나게 보였던 생활방식에 사로잡혀 있었다.

그렇기에 나는 토드가 염려하는 것, 즉 젊은 그리스도인 대학생에게 진화를 소개하고 그것을 객관적으로 평가하도록 격려하는 것은 그들이 신앙에 대한 모든 것에 의문을 품게 하고 결국 신앙을 떠나게 되는 문을 열어 주는 것일 수 있다는 사실을 가볍게 여기지 않는다. 나는 내가 가르치던 기독교 대학에 거의 전액 장학금을 받고 입학한 총명한 학생 레이철을 결코 잊을 수 없다.[5] 그녀는 근본주의 교회 출신으로, 젊은 지구론의 논지와 창조론 서적에 나오는 반진화론적 관점을 모두 잘 알고 있었으며 그러한 관점의 강력한 지지자였다. 또한 훌륭한 그리스도인으로서 4년 내내 캠퍼스의 영적 리더였다. 레이철은 내가 진화에 대해 자신과 아주 다르게 생각한다는 것을 알았고, 내가 다양한 과목에서 주류 진화 과학의 핵심을 설명할 때 귀 기울여 들었으며, 그 수업들에서 언제나 가장 성적이 좋은 학생들 중 하나였다. 우리 둘 다 그녀가 그러한 관점을 견지하지 않는다는 것을 알았지만, 에세이 시험에서는 주류 과학의 관점을 아주 잘 설명했다. 우리 둘은 잘 통했는데 아마도 그 이유의 적지 않은 부분은 그녀가 나의 이야기를 알기 때문이었다. 레이철은 내가 복음주의 기독교에서 나와 나의 가족 같은 사람들을 위한 자리가 없을 것이라고 거의 결론 내릴 뻔했다는 것을 알았다. 그래서 비록 진화에 대한 생각은 달랐지만, 우리는 좋은 친구였다. 약 10년 후, 나는 레이철과 다시 연락이 닿았다. 그녀는 이제 자신의 병원을 운영하는 성공한 신경외과 의사가 되었다. 바이오로고스에서 내가 하는 일에 대해 약간의 소식을 나누다가, 나는 한 걸음 더 나아가 그녀가 학생이던 시절과 비슷하게 신앙 문제에 대해서도 이야기를 꺼냈다. 그런데 그녀는 재빨리, 기독교 대학을 졸업한 뒤 얼마 동안 신무신론 책에 심취했었고 기독교는 더 이상 자신과 맞지 않게 되었다고 알려 주었다. 그녀는 이제 무신론자다. 그녀가 읽었던 책들과 더불어 다른 모든 동료들이 진화를 당연하게 받아들이는 일반 대학교의 환경은, 젊은 지구와 진화 부정에 대한 이전의 자신의 생각은 철저한 검증을 견딜 수 없음을 보여 주었다. 그녀에게 기독교 신앙과 진화가 양립 가능하다는 나의 시각은 타협처럼 보였고, 의미 있는 신앙을 유지할 수 있는 다른 길은 보이지 않았다. 그녀가 기독교 안에서 받은 양육은 촘촘하게 구성된 근본주의와 너무 긴밀하게 묶여 있었고 거기에는 신비를 위한 여지가 전혀 없었기에, 원칙이 작동하지 않을 때 그녀가 보기에 남아 있는 선택은 단 하나밖에 없었다. 완전히 다른 종류의 근본주의 말이다. 여기에도 신비는 없고, 단지 하나님의 부재와 자연 선택의 알고리즘에 기반하여 촘촘하게 구성된 일련의 사실들만 있을 뿐이다. 그녀의 과거는 동화 같은 이야기가 되었고, 그때까지도 그녀는 한때 하나님을 믿던 활기찬 신앙으로 되돌아가지 못하고 있었다.

토드와 레이철이 원래 그랬던 것처럼, 나는 창세기 1장을 믿는다. 더 나아가 그리스도께 초점이 맞추어지고 신비로 둘러싸인 채 온전하게 들려지는 창조 이야기보다 지구상에서 더 중요한 메시지는 없다고 믿는다. 바로 이것이 요한이 자신의 복음서와 서신을 시작하는 방식이다.

태초에 '말씀'이 계셨다.…모든 것이 그로 말미암아 창조되었으니, 그가 없이 창조된 것은 하나도 없다. (요 1:1, 3)

이 생명의 말씀은 태초부터 계신 것이요…하나님은 빛이시요, 하나님 안에는 어둠이 전혀 없다는 것입니다. (요일 1:1, 5)

히브리서의 서론에는 다음과 같은 말씀이 있다.

주님, 주님께서는 태초에 땅의 기초를 놓으셨습니다. 하늘은 주님의 손으로 지으신 것입니다. (히 1:10)

그리고 바울은 골로새 교회에 보내는 편지의 서론에서 이것을 매우 아름답게 표현한다.

만물이 그분 안에서 창조되었습니다. 하늘에 있는 것들과 땅에 있는 것들, 보이는 것들과 보이지 않는 것들, 왕권이나 주권이나 권력이나 권세나 할 것 없이, 모든 것이 그분으로 말미암아 창조되었고, 그분을 위하여 창조되었습니다. (골 1:16)

그리고 물론 시편(예를 들면, 8, 19, 104편)과 구약의 다른 부분에도 창조를 아름답게 시적으로 기술하는 많은 구절이 나온다.

토드와 달리, 나는 창세기 1-3장에서 하나님이 지구와 생명을 어떻게 창조하셨는지 기술하는 것을 신문 기사처럼 문자적으로 읽어야 한다고 믿지 않는다. 그 모든 풍성함을 담은 그 본문의 목적은, 창조 이야기를 그들의 야만적인 이웃의 창조 서사들과 대조적으로 히브리 사람들의 질문을 다루는 틀 안에 위치시키면서, 듣는 이들의 문화 깊숙이 영향을 주는 것이었다. 성경은 "하나님이 창조하셨다"고 말하기 위해 약 3천 년 전에 살았던 사람들이 이해할 수 있는 형식과 언어를 사용했다. 그것은 수 세기에 걸쳐 놀랍도록 일관적이었으며, 우리의 조상에게처럼 오늘날 우리에게도 여전히 강력하게 말하는 언어다. 그러나 성경 이야기는 하나님이 정확하게 어떻게 창조하셨는지에 대한 과학적 설명으로 지어진 것은 아니다. 하나님이 3천 년 전의 문화에서 창조 방법에 대한 세부 사항을 말씀하셨더라면, 그들은 전혀 말이 안 된다고 생각했을 것이고, 하나님이 창조하셨을 뿐 아니라 우리와 관계를 맺고 싶어 하신다는 그 메시지를 전혀 이해하지 못했을 것이다. 나에게는 성경에 세부 사항이 들어 있지 않다는 것이 어떤 식으로든 전혀 문제가 되지 않으며, 오히려 중요한 것은 우리에게 하나님이 진화의 과정을 설계하고 만드셨다는 이 그림이 있다는 것 그리고 계속되는 하나님의 임재로 인해 그 과정이 지속되고 있다는 것이다. 처음부터 하나님이 계시지 않았고 그 이후로도 계속 하나님이 계시지 않고 활동하지 않으셨다면, 그 무엇도 지금 존재하는 것처럼 존재하지 않을 것이다.

토드와 다른 젊은 지구 창조론자들은 창세기 첫 몇 장을 읽는 방식에서 나에게는 대수롭지 않게 여겨지는 전환을 하지 못한다. 명백하게 토드는 그러한 전환이 그다지 대수롭지 않다는 말에 동의하지 않을 것이며, 그것은 레이철이 자신의 딜레마를 해결한 것과 똑같은 방식으로 성경의 진리와 신뢰성을 포기하는 것으로 이어진다고 말할 것이다. 그러나 성경이 하나님이 정확하게 어떻게 창조하셨는지에 대한 세부 사항을 설명하는 과학 교과서로 지어진 것이 아니라고 말할 때, 나는 어떤 식으로든 하나님이 하늘과 땅을 창조하셨다는 진리를 부정하는 것이 아니다. 창세기를 이런 방식으로 읽는 것이 반드시 자유주의 신학으로 가는 미끄러운 비탈길은 아니다. 존경받는 수많은 초기 기독교 사상가들 역시, 성경이 자신의 백성에게 주신 하나님의 계시된 말씀인 반면 과학책은 아니라는 동일한 일반적 견해를 수용했다. 4세기에 아우구스티누스(Augustine)는 성경이 과학적 진리를 담고 있다는 주장에 대해 경고했는데, 과학이 변화함에 따라 사람들은 성경에 대한 신뢰를 잃을 수 있기 때문이다. 장 칼뱅(John Calvin)은 그의 시대에 긴급한 사안이 아니었기 때문에 특별히 창조론을 다루지는 않았지만, 성경의 목적이 과학적이기보다는 신학적인 방향성을 갖는다고 보았다. 그에게 성경의 주된 목적은 우리를 예수님에 대한 지식으로 이끄는 것이다. 그는 성경이 "우리에게 무오한 천문학과 의학 정보의 보고를 제공하게 하신 건 아니다"라고 썼다.[6] 위대한 개혁가 존

웨슬리(John Wesley)도 비슷한 견해를 밝히면서, 창세기 1장은 예를 들면 별에 대한 우리의 호기심을 충족시켜 주기 위해서가 아니라, 우리를 하나님께로 이끌기 위해 쓰였다고 단언했다.

나는 토드와 다른 젊은 지구론자들이 창세기 1장을 문자적으로 읽지 않는 우리가 위험한 토대 위에 서 있다고 믿는다는 것을 안다. 나는 그것에 동의할 수 없을 뿐 아니라, 이 문제를 기독교 신앙의 진실성 자체에 관한 질문으로 간주한다. 우리는 젊은 지구 창조론자들이 견지하는 창조에 대한 관점처럼 참되지 않은 무언가를 기독교 신앙에 살짝이라도 덧붙여서는 안 된다. 나는 만약 주님의 오심이 늦어진다면, 진화가 하나님의 창조 방식이었음이 광범위하게 인정될 것을 확신한다. 시간이 지나면서 교회가 이것을 받아들이게 될 때, 나는 그것이 모든 그리스도인의 궁극적 목표인 하나님에 대한 더욱 풍성한 이해로 이끌어 주리라 생각한다. 만약 이것이 하나님이 존재하는 만물을 창조하신 방식이라면, 그것은 우리 모두를 신학적으로 더욱 풍성하게 해 줄 것이며, 그리스도를 따르는 모든 사람들로부터 더 부요하고 더 의미 있는 찬양이 솟아나게 할 것이다. 하나님의 길은 우리의 길과 다르며, 나는 우리가 너무 자주 하나님을 우리 인간이 만든 상자 안에 가두려는 경향이 있다고 생각한다. 그럼에도 불구하고 하나님은 우리에게 그분의 창조 세계 안에 있는 다른 어떤 피조물보다 한없이 뛰어난 놀라운 이성의 능력을 주셨다. 그러한 선물은 정말로 우리가 그분을 더 분명히 보고 더 깊이 사랑하며 그분의 손으로 이루신 창조 사역에 대한 이해 가운데 성장하도록 해 주고, 그럼으로써 우리는 그분의 창조 세계를 누리고 영원히 지속되는 찬양으로 경축할 수 있게 된다.

내가 진화적 창조론자인 것은 나머지 과학 세계와 어울리고 싶어서가 아니다. 오히려 나는 그 압도적 증거 때문에 진화의 과정이 하나님이 어떻게 창조하셨는지를 정확하게 말해 준다고 믿는 것이다. 과학은 하나님이 행하신 일을 낱낱이 밝히고 있지만 이러한 계시에 마음을 닫은 이들은 우리가 그토록 사랑하는 하나님의 작품을 더 선명하게 볼 수 있는 기회를 놓치고 있는 것이다.

**연구와 묵상을 위한 질문**

1. 당신이 젊은 지구 창조론자라면, 이번 장을 읽으면서 특히 대럴이 나눈 진화의 증거에 대해 읽으면서 든 생각과 소감을 말해 보라.

2. 당신이 진화론을 받아들인 그리스도인이라면, 토드 같은 사람들은 어째서 하나님이 하늘과 땅을 창조하시기 위해 진화의 과정을 사용하셨음을 인정하기 힘들어한다고 생각하는가?

3. 많은 창조론자들은 토드가 대럴이 예를 든 많은 증거가 맞다고 인정하는 것을 비난한다. 진화의 우세한 증거에 대해 창조론자들은 어떻게 반응해야 한다고 생각하는가?

4. 25년 전만 해도 대부분의 복음주의 그리스도인들은 젊은 지구 창조론자였다. 오늘날에는 진화를 받아들이는 복음주의 그리스도인의 비율이 상당히 높아졌다. 왜 그렇게 되었다고 생각하는가?

5. 레이철처럼 진화를 받아들임으로써 신앙을 버리게 되었다고 말하는 학생들을 돕기 위해 교회와 기독교 대학은 어떤 일을 할 수 있을까?

6. 대럴이 과학에 접근하는 방식에 대해 칭찬하고 싶은 점은 무엇인가? 칭찬하고 싶지 않은 점은 무엇인가?

10장

# 고래는?

토드 우드

전부 맞다고 생각하지는 않지만, 진화는 상당히 흥미로운 주제다. 내가 대학원에서 공부한 주요 분야이기도 하다. 특별히 나는 진화 생화학을 연구했는데, 이는 생명체의 화학 작용이 어떻게 그들이 존재하는 방식으로 존재하게 만드는지에 관한 것이다. 솔직히 그것은 도전적이고 놀랍고 아름다웠다. 교실에 앉아서 혹은 내 연구를 진행하면서 이렇게 생각한 적이 여러 번 있었다. "와, 이것은 정말 설득력 있는데? 사람들이 왜 진화가 맞다고 생각하는지 알 것 같아." 때로 나는 창조론으로 내가 공부한 것들을 어떻게 설명할 수 있을지 생각하려고 노력했지만, 앞에서도 말했듯 이것은 나에게 친숙하던 일반적인 창조론자의 생각을 훨씬 넘어서는 일이었다. 분명 창조론은 뭔가 새로운 것이 필요했다.

창조론 동료 가운데 어떤 이들은 내가 이런 말을 하는 것을 싫어한다. 창조론 안에는 다윈을 처음 비판했던 사람들까지 거슬러 올라가는 아주 오래된 전통이 존재한다. 진화론이 과학적 실패라거나 심지어 전혀 과학적이지도 않다고 주장하는 것이다. 그렇지 않다고 주장하는 것은 유행에 뒤떨어졌음이 확실하다. 다른 창조론자들은 내가 진화에 대해 말하는 것이 개인적으로나 다른 이들에게나 낙심하게 만든다고 본다. 그들은 내가 학생들을 기독교에서 뛰쳐나와 그들을 삼키려고 기다리는 진화론자들의 입 속으로 뛰어들도록 몰아간다고 염려한다. 나는 현실을 인정하지 않는 것이 훨씬 더 위험하다고 생각한다. 학생들은 분명 진화의 증거에 대해 알게 될 것이고, 그렇다면 나는 그들이 그들의 신앙을 망치고자 하는 사람보다는 차라리 나에게서 그것을 듣게 하겠다.

다른 한편으로, 나는 대럴과 다른 기독교 진화론자들이 내가 인간이 지구상의 다른 모든 생명처럼 진화했음을 시사하는 우세한 증거들을 그저 받아들여야 한다고 생각하는 것을 안다. 우리의 신학을 약간만 수정하면 모든 것이 들어맞기에, 모든 과학을 재해석할 필요는 없다. 이미 '바른' 답을 알고 있는데, 왜 굳이 다른 설명을 하려고 애쓰는가? 그리고 왜 굳이 교회에 불필요한 걱정과 당혹감을 야기하는가?

그러나 좀더 깊이 파고든다면, 다시 말해 다른 사람이 받아들인다고 해서 무언가를 받아들이기를 거부한다면, 우리는 새로운 무언가를 찾을 수 있을 것이고 바로 그것이 내가 과학자라는 사실에 대해 좋아하는 점이다. 그리스도인이자 과학자로서 나는 선택해야 한다. 나는 방법론적 자연주의 원리에 따라 게임을 하면서 나의 과학과 나의 신앙이 분리되도록 애쓰고 그저 대중이 가는 대로 따라갈 수 있다. 아니면 나는 참된 통합의 삶을 살면서 그것이 가져올 모든 불확실성을 받아들일 수도 있다. 성경과 과학 데이터가 어떻게 서로 들어맞는지 언제나 알 수 있는 것은 아니지만, 나는 그 답이 어딘가에 있다고 확신한다. 충분히 열심히 연구한다면, 그중 일부는 찾을 수도 있을 것이다.

예를 들면, 대럴과 다른 진화론자들은 뒷다리가 있는 고래와 비슷한 생물의 화석이, 고래가 육지 생물에서 진화했음을 가리키는 것으로 보인다고 말한다. 지난 20년 이상, 현대 고래의 분명한 특징을 가진 화석들과 다양한 발전 단계의 뒷다리를 가진 화석들이 많이 발견되었다. '파키케투스'(*Pakicetus*) 같은 동물은 완전한 네 다리를 가졌던 것으로 보이지만, '도루돈'(*Dorudon*)이나 '바실로사우루스'(*Basilosaurus*) 같은 다른 화석 생물들은 뒷다리가 훨씬 작았다. 오늘날 대부분의 고래는 엉덩이가 있는 곳에 작은 뼈를 가지고 있다. 따라서 이러한 화석들을 고래가 네 다리의 조상에서부터 점진적으로 진화했음을 보여 주는 일련의 단계에 따라 배치하는 것은 꽤 설득력 있어 보인다.[1]

그렇지만 창세기는 나에게 하나님이 5일째 되는 날 거대한 바다 생물을 창조하셨다고 말해 준다. 이는 이러한 고래 진화 모델과 정말로 일치하지 않으며, 적어도 일치하지 않는 것처럼 **보인다**. 그래서 나는 어쩌면 이러한 생물에 대해 다른 방식으로 생각할 수 있지 않을까 궁금했다. 고래의 진화를 어떻게 검증할 수 있을까? 그것은 아주 어려운 것으로 드러났는데, 현대 과학의 모든 것이 진화의 개념에 기초하기 때문이다. 자명하게 받아들여지는 것을 어떻게 검증할 수 있는가?

나에게는 바로 이곳이 재밌어지기 시작하는 지점이다. 내가 마주친 도전은 진화를 정말로 직접적으로는 검증할 수 없다는 것이다. 대신에, 나는 내가 불연속성이라고 부르는 것을 찾기를 좋아한다.

간단히 설명하면, 불연속성은 화석 기록의 공백과 같지만, 군집 분석이라고 불리는 멋진 수학을 사용해 발견된다.[2] 고래와 고래 화석의 경우, 나는 그러한 생물 집단이 네 발 달린 조상으로부터 현대 고래까지 단절 없는 서열을 형성하는지 알고자 한다. 진화생물학자들이 수집한 데이터를 사용하여, 나는 그렇지 않다는 것을 발견했다. 뒷다리를 가진 화석 고래는 현대의 고래와 구별된다.[3] 현대의 고래와 네 발 달린 화석 '고래' 사이에는 불연속성이 존재한다. 진화론을 타개하기에는 충분치 않은 것이 (정말로 모든 수준에서) 분명하지만, 이는 흥미로운 질문을 제기한다. 이러한 불연속성은 얼마나 광범위한가? 진화의 다른 예들을 살펴본다면, 같은 것을 발견할 것인가?

일련의 말 화석은 진화의 다른 유명한 예인데, 이는 '히라코테리움'(*Hyracotherium*)이라 불리는 개만 한 크기의 소형 말에서 현대의 당나귀와 얼룩말 그리고 클라이즈데일(Clydesdale: 크고 육중한 짐수레 말 품종—옮긴이)로 점진적으로 변화한 것을 보여 준다고 여겨진다. 나는 고래에 사용했던 똑같은 방법으로 말을 평가했다. 놀랍게도 나는 불연속성을 발견하지 못했다. 대신, 나는 히라코테리움에서 현생 말로 이어지는 끊어지지 않는 확실한 배열로 보이는 것을 발견했다. 그것들은 물론 모두 말이지만, 군집이나 간격의 증거는 없다.[4]

일반 그리스도인은 고래나 말에 대해 그다지 신경 쓰지 않으며,

따라서 이런 연구는 약간 의미 없이 보일 것이다. 그러나 나는 동일한 기법을 인간과 유인원의 화석 기록에 적용할 수 있고, 이는 훨씬 더 흥미로울 것이라 생각한다. 그러한 화석은 '호미닌'이라고 불리며, 아주 많다. 많은 수는 오늘날 오직 유인원이나 인간에게서만 발견되는 특징들을 갖는다. 예를 들어, 유명한 루시(Lucy) 화석은 '오스트랄로피테쿠스 아파렌시스'(*Australopithecus afarensis*)인데, 납작한 얼굴과 돌출된 입 주변, 오늘날 유인원의 것과 비슷하게 작은 뇌를 가지고 있다. 또한 루시는 현대인처럼 두 다리로 직립 보행을 하기 위한 무릎과 엉덩이를 갖고 있었다. 이러한 호미닌 화석은 비인간에서 인간으로 이어지는 연속적 순서를 보여 주는가? 아니면 인간 및 유인원과 구별되는 무리가 있는가?

다시 한번, 나는 내가 발견한 것에 놀랐다. 무엇보다 다른 종류의 고래 군집이 존재하는 것처럼, 인간과 유인원에도 구별되는 군집이 있다. 인간과 비인간 동물을 연결해 주는 끊어지지 않는 화석의 배열도 없다. 반면에 우리 현대인을 포함하는 집단은 내가 기대했던 것보다 훨씬 더 크며, 어떤 형태는 우리와 아주 다르게 보이기도 한다. 이는 내가 작은 히라코테리움이 현대의 말과 동일한 집단으로 끝나는 말의 경우에서 발견한 것에 좀더 가깝다.[5]

따라서 이 모든 것은 무엇을 의미하는가? 무엇을 의미하지 않는지 말하는 것이 더 쉬울 것 같다. 이는 진화가 틀렸음이 입증되었다는 것을 의미하지 않는다. 진화는 그저 한 형태에서 다른 형태로 점차적으로 옮겨 가는 것보다 훨씬 더 크다. 이러한 고래와 호미닌 군집은 고래와 호미닌에 관한 모든 질문에 답을 주지 않는다! 또한 불연속성을 발견하는 것이 창조나 홍수를 증명하지도 않는다. 어떤 종류의 증거가 그것을 증명할 수 있을지조차 모르겠다.

아무것도 증명하지 않는다면, 왜 굳이 이 불연속성에 신경을 쓰는가? 확실한 결론을 내릴 수 없다면, 도대체 요점이 무엇인가? 합당한 질문이기는 하지만, 나는 바로 그것이 창조-진화 논쟁의 가장 중요한 문제를 드러낸다고 생각한다. 모두가 **지금 당장** 모든 것이 해결되기를 원한다. 무엇이라도 결론적인 것이 아니라면 가치가 없다. 그러나 그것은 생명이 작동하는 방식이 아니다. 우리 모두는 멈추고 깊이 숨을 들이마신 뒤 우리의 무지를 재발견해야 한다. 진화가 틀렸음을 결론적으로 증명할 수 있다는 생각은 환상이다. 성경과 신학이 진화를 '쉽게' 담아낸다는 생각 역시 그렇다. 이런 것은 어려운 문제이며, 상세히 살펴보기 위해서는 시간이 걸릴 것이다. 답이 언제나 만족스럽지만은 않을 것이다. 우리가 답**할 수 있는** 좋은 질문들을 제시하는 것만으로도 충분히 어려운 일이다.

그렇지만 내가 불연속성에 대해 발견한 것은 나를 흥분시켰다. 나는 이런 종류의 연구를 이제 거의 20년 동안 해 오고 있고, 수백 가지 다른 그룹을 실험했다.[6] 불연속성을 발견할 때가 발견하지 못할 때보다 더 많았다. 나는 진화를 당연한 것으로 보아야 한다는 말에 영향을 받지 않은 채 생명체의 경관에 대한 좋은 아이디어를 얻기 시작했다. 우리의 문제를 전부 해결해 주지는 않겠지만, 그것은 내가 생각할 때 모든 그리스도인이 진지하게 생각해 보아야 할 방향으로 한 걸음 나아가는 것이다.

또한 불연속성이 나를 흥분시키는 것은 그것이 과학이기 때문이다. 나는 데이터를 수집하고 그것을 평가한다. 결론을 내린다. 연구 프로젝트에서 다음 단계에 대해 생각한다. 이것은 과학이다. 신학이나 변증학이 아니다. 나는 뭔가를 증명하려고 하지 않는다. 나는 하나님의 창조에 대해 더 많이 배우고 더 많이 발견하고 싶다. 따라서 과학이 오직 한 가지 방식으로만 행해질 수 있다고 말하는 사람들은 그야말로 옳지 않다. 우리는 정말로 과학에 대해 더 신중하게 생각할 수 있고, 나는 우리 그리스도인들이 이러한 노력을 지지해야 한다고 생각한다.

불행히도 내가 하는 것과 같은 창조 연구들은 도로 표지판 같은 역할을 한다. 스마트폰이나 내비게이션이 나오기 전에는, 목적지로 안내하는 종이 지도와 도로 표지판에 의존했다. 내가 가고자 하는 곳에 대한 일반적인 계획을 세우기 위해서는 지도를 사용했지만, 바른 방향으로 가고 있는지 알기 위해서는 도로 표지판이 필요했다. 내가 만나는 모든 성공적이고 열매가 있는 창조 연구가 딱 그와 같다. 그것은 내가 바른 방향으로 가고 있음을 말해 준다. 모든 과학적 퍼즐에 대한 답을 다 알 수는 없을지라도, 나는 계속 창조론자의 안경을 쓰고 세상을 바라보며, 이는 계속 이치에 맞는 것들을 보여 준다.

또 다른 이정표는 홍수를 연구하는 데서 나온다. 창조론자로서 나는 정말로 홍수가 일어났으며 정말로 온 지구를 덮었다고 생각한다. 그런데 다시 한번, 그것을 '증명'하는 것은 어렵지만, 수많은 창조론자들은 홍수의 여러 부분을 조사했고 그 결과는 타당하다.

홍수 지질학 연구의 최근 예는 시더빌 대학교의 지질학과 교수인 존 위트모어(John Whitmore)로부터 나온다. 약 15년 동안 존은 코코니노 사암(Coconino Sandstone)으로 알려진 그랜드 캐년 산봉우리 가까이에 있는 사암층을 연구해 오고 있다. 대부분의 지질학자들은 이 사암층이 바람에 날려 온 모래에 의해 형성되었다고 믿으며, 이는 그것이 사막 환경에서 형성되었음을 의미한다. 그러나 존과 그의 학생들은 코코니노가 물 아래에서 형성되었다는 많은 증거를 발견했다.[7]

존은 미국지질학회의 여러 학술 대회에서 그가 발견한 것을 발표했다.[8] 그의 발견들은 대부분의 지질학자들이 견지하는 관례적 지혜에 도전하기 때문에, 당연히 그는 논문 전체를 출간하는 데 어려움을 겪었다. 다시 한번, 그의 연구는 성경의 전 지구적 홍수 이야기를 증명하지는 않지만, 이러한 종류의 일들이 계속 일어나는 것은 대단히 흥미롭다. 만약 우리 창조론자들이 헛다리를 짚고 있고 완벽하게 터무니없는 모델을 계속 붙들고 있는 것이라면

(많은 진화론자들은 그렇게 생각한다) 우리가 창조 연구를 시작할 때 **어디에도** 이르지 못할 것이라고 생각할 것이다. 그러나 사물을 다르게 보는 것은 완벽하게 과학적인 일이고, 바로 그것이 존 위트모어가 코코니노 사암을 뒤지고 다니기 시작할 때 했던 일이다. 거의 모든 다른 지질학자들은 그것이 모래 언덕이라고 생각했지만, 그는 이 사암층을 보는 다르면서도 더 나은 방식을 제시했다. 우리는 코코니노가 전 지구적 홍수라는 더 큰 모델에 어떻게 들어맞는지 완전히 이해하지는 못하지만, 존의 발견은 나와 같은 사람들이 열린 마음으로 세상을 계속 바라보도록 격려한다. 나는 이런 일이 반복해서 일어나는 것을 본다. 창조론자들이 전통적 모델을 가져와 위아래를 뒤집어 놓고 데이터를 다시 보면, 창조론적 관점에서 보는 것이 이치에 맞기 시작한다. 나는 이것이 아마도 우리가 올바른 방향으로 가고 있기 때문이라고 생각할 수밖에 없다.

대럴의 캠프에 있는 수많은 사람들은 여전히 내가 불필요한 일을 하고 있다고 생각한다. 그들에게 과학은 확정되었다. 그 어느 것도 재상상하는 수고를 굳이 할 필요가 없다. 그러나 나에게 과학은 대단히 희미하고 불확실하다. 어떤 것도 아직 확정되지 않았다.

대학원에 있을 때 나는 한동안 단백질 결정학이라고 부르는 것을 연구했는데, 이는 단백질의 분자 구조를 알려 주는 것이다. 가장 간단히 설명하면, 이것은 단백질 결정체를 생산하고 그것에 엑스레이를 쏜 뒤, 믿을 수 없을 만큼 복잡한 수학을 사용해서 그 결과를 화학 구조와 비슷한 어떤 것으로 변환시키는 일을 포함한다. 나는 이러한 실험들을 하면서 그야말로 얼마나 많은 불확실성이 존재하는지 보았다. 때로 단백질은 결정체 안에서 완벽하게 균일하지 않았고, 따라서 그 결정체는 그다지 좋지 않았다. 때로 엑스레이와 엑스레이 결과가 수집되는 방식의 기술적 한계도 있었다. 이 모든 것이 불가피하게 불확실한 단백질 구조로 이어졌다. 그러한 불확실성에도 불구하고, 나는 완벽하지 않을지라도 대부분의 정보를 설명해 주는 이론을 받아들일 것이라고 말하는 과학의 실용주의를 목격했다. 더 나은 모델이 나오기 전까지는 현재의 이론을 고수하는 것이다. 나는 기원에서도 유사한 일이 일어나는 것을 본다. 맞다. 진화는 우리가 어떻게 현대의 종의 다양성에 이르게 되었는지에 대해 많은 것을 설명해 주는 것 같다. 그러나 여전히 많은 것이 모호하고 불확실한 채로 남아 있다. 과학은 결코 확정되지 않는다. 항상 더 많은 연구를 할 수 있는 여지가 있다.

나에게 더 나은 답을 찾기 위한 이러한 모험은, 설령 답보다 질문이 많다고 하더라도 나를 우울하게 하거나 초조하게 만들지 않으며 오히려 흥분시킨다. 그것이 나의 신앙이다. 이 아름다운 세상을 창조하셨을 뿐 아니라 나를 사랑하시며 나를 위해 죽으신 그의 아들 예수님을 우리에게 주신 하나님이 계신다. 매일 아침 침대에서 일어나 하나님이 나를 위해 어떤 새로운 것들을 준비하셨는지 보는 것은 특권이다. 나를 둘러싼 세상을 관찰하고 '여기서 정말 무슨 일이 일어나고 있는 거지?'라고 묻는 것은 정말 흥분되는 일이다. 어떤 새로운 별이 발견되었는가? 어떤 새로운 화석이 그곳에 있는가? 어떤 새로운 발견이 우리를 기다리고 있는가? 이는 나를 실망시키지 않는다. 그것은 삶의 가장 큰 기쁨 중 하나다. 나는 하나님의 창조를 바라보고 있으며, 그것은 궁극적으로 나를 그분께 이끌어 주기에 탐구할 가치가 충분하다.

### 연구와 묵상을 위한 질문

1. 젊은 지구 창조론 관점에 매우 헌신된 사람이 진화 과학의 고급 학위 과정을 공부하는 이유는 무엇인가? 거짓이거나 틀렸다고 확신하는 주제를 연구한 다른 사람의 예를 생각할 수 있는가?

2. 토드는 다른 모든 사람이 받아들인다고 해서 무언가를 그냥 받아들이는 것에 대해 경고한다. 그리스도인이 단지 대중적이라는 이유로 무언가를 받아들이는 것처럼 보이는 다른 영역을 생각할 수 있는가? 그러한 수용의 장단점은 무엇인가?

3. 토드는 진화론적 증거에 대한 자신의 접근 방식이 부분적으로 그러한 증거를 열린 마음으로 보는 것에서 기인한다고 암시한다. 열린 마음을 갖는 것이 어떻게 도움이 되며, 또 어떻게 문제를 야기할 수 있는가? 자신의 경험을 돌아볼 때, 새로운 생각에 열린 자세를 취할 것인지 말 것인지 결정하는 요소는 무엇인가?

4. 토드 같은 창조 과학자들은 재정적 후원을 거의 받지 못하며, 그들은 이것이 좀더 광범위하게 받아들여지는 진화론 과학자들과 경쟁할 수 있는 자신들의 연구 수준 능력을 제한한다고 믿는다. 기원에 대한 자신의 견해와 상관없이 그리스도인으로

서 당신은 창조 과학자들이 더 많은 연구 기금을 받아야 한다고 생각하는가? 그렇게 생각하거나 그렇게 생각하지 않는 이유는 무엇인가?

5. 당신은 과학에 대한 토드의 접근법에 대해 어떤 자질을 칭찬하는가? 어떤 자질은 덜 칭찬할 만하다고 보는가?

## 막간 5: 불일치를 넘어

**랍 배럿, 골로새 포럼**

우리는 발목이 묶인 것 같다. 이 이야기는 훈훈하게 마무리될 것처럼 보이지 않는다. 마지막 두 장이 끝난 이후, 토드 진영의 사람들은 대럴을 향해 고개를 저으면서 자신들의 승리를 환호하리라. 반대쪽도 마찬가지일 것이다. 마침내 '정답'이 가려지고 모두가 신나게 동의하는 것으로 끝나는 해피엔딩은 어디 있는가? 우리가 이 일을 제대로 하고 서로를 친절히 대해 준다면, 하나님은 우리에게 모든 답을 명확히 해 주시는 것으로 갚아 주셔야 하지 않는가? 논쟁은 어디서 해결되는가?

일은 그런 식으로 진행되는 것 같지 않다. 적어도 지금까지는.

우리는 엉망진창인 지점에서 발목이 붙잡혔다. 나는 우리의 두 과학자에게 서로를 친구로 보는지 적으로 보는지 물어본 적이 있다. 우리가 함께한 모든 시간 이후로, 나는 그들이 서로를 친구로 보는 것에 동의하리라 확신했다. 토드가 "그냥 적이 아니라 치명적인 적"이라고 대답했을 때 나는 실망할 수밖에 없었다. 토드를 바로잡아 주기를 바라며 온유한 대럴을 간청하듯 바라보았다. 그 역시 나를 실망시켰다. "그래요. 토드가 맞습니다." 두 사람이 서로에 대한 적대심을 표현한 글을 블로그에 올리기로 결정하면서 나의 작은 계획은 계속 역효과를 낳았다. (그들이 주고받은 글은 토드의 블로그 toddcwood.blogspot.com에서 볼 수 있다. 토드의 글은 "나는 차라리 거대한 물고기에 **삼켜지지 않겠다**"라는 제목이었고, 역시 토드의 블로그에 올라온 대럴의 반박글은 "요나같이 되지 않기를"이라는 제목이었다.)

대럴과 토드는 각각 첫 번째 장을 쓰면서, 상대방의 오류가 위험하다고 밝혔다. 이 사안에 대한 잘못된 이해는 사람들에게 해를 끼친다는 것이다. 그러나 이렇게 생각해 보자. 기원에 관해 올바른 입장을 갖는 것도 중요하지만, 그것이 가장 중요한 문제는 아니다. 바울이 쓴 것처럼 말이다. "내가…모든 비밀과 모든 지식을 가지고 있을지라도…사랑이 없으면 아무것도 아닙니다"(고전 13:2). 내가 신앙과 과학에 관한 모든 복잡한 문제를 알아낼 수 있다고 해도, 사랑이 없다면 "울리는 징이나 요란한 꽹과리"가 될 뿐이다(13:1). 이 문제들에 대한 답을 맞추는 것보다 사랑, 진정한 예수님 식의 사랑을 받는 것이 훨씬 더 중요하다.

대럴과 토드는 이 지점에서 이렇게 말하며 재빨리 끼어들 것이다. "하지만 기원이 중요하지 않다고 생각하지는 마세요!" 나도 전적으로 동의한다. 이 두 그리스도인은, 기원 문제가 중요한 것은 그것이 하나님과 우리의 이웃을 잘 사랑하는 것을 배우는 한 부분이기 때문임을 잘 이해하고 있다. 모든 것은 서로 연결되어 있다. 기원을 바르게 이해하는 것이 가장 중요한 일은 아닐지라도, 기원에 대한 오류는 훨씬 더 중요한 문제에 대한 잘못된 이해로 이어질 수 있다.

성 아우구스티누스는 약 1600년 전 그의 저서 『기독교 교리에 관하여』(*On Christian Doctrine*)에서 그것을 잘 묘사했다. 그가 성경 해석에 대해 쓴 내용은 과학 해석을 하는 데도 적용된다. 아우구스티누스는 틀린 답을 얻는 것은 길을 잘못 들었음을 의미한다고 언급한다. 이어서 "그럼에도 불구하고…그의 잘못된 해석이 율법의 목표인 사랑을 세운다면, 그가 길을 잘못 든 것은 실수로 큰 길에서 벗어났지만 들판을 통과해 똑같은 장소에 도착하는 사람과 아주 비슷하다"고 말한다.[1] 뭔가를 잘못 이해한 것이 결국 어쨌든 하나님이 우리에게 원하시는 것을 할 수 있게 만든다면, 그렇게 나쁜 것만은 아니라는 말이다. 여전히 아우구스티누스는 무엇이든 제대로 이해하는 것이 최선이라고 주장한다. 실수를 하고 있는 누군가를 도울 수 있다면, 그렇게 해야 한다. 계속해서 그는 말한다. "그러나 그는 바로잡아야 하고 바른 길에서 벗어나지 않는 것이 얼마나 더 나은지 보게 해 주어야 한다. 그렇지 않아서 길을 잘못 드는 것이 습관이 되면, 때로 교차로를 건너가 버리거나 심지어 아예 잘못된 방향으로 가게 될 수도 있기 때문이다."[2]

대럴과 토드 두 사람 모두 상대방에 대해 이런 생각을 가지고 있다. 비록 상대방이 틀렸을지라도 지금은 괜찮은 것처럼 보인다. 그러나 여전히 진리에서 벗어나 있는 이 지점은, 잘못된 길로 더 멀리 가게 할 수 있고 치명적 실수로 이어질 수도 있다. 이 두 사람은 심각한 의견 차이를 겪으면서 씨름하면서도 여전히 상대방이 바르고 좁은 길을 계속 가도록 돕는 데 초점을 두고 있다.

두 사람 각각의 마지막 장을 읽으면서, 그들의 경험으로부터 하나님을 영화롭게 하고 우리와 불일치하는 이들을 돕는 방식으로 진리를 주장하는 데 도움이 될 만한 어떤 교훈을 얻을 수 있을까?

11장

# 대멸은 이단인가?

토드 우드

대럴과 내가 시도한 일은 쉽지 않았다. 그렇다고 그것이 동료 신자에게 그리스도의 사랑을 반영하지 않는 행위에 대한 변명이 되어서는 안 된다. 그러나 우리는 사람이다. 우리는 실패한다. 그리고 이 논쟁은 나에게 엄청나게 중요한 주제이기도 하다. 그것은 정말 하나님이 지구를 어떻게 창조하셨는가보다 훨씬 더 큰 것에 관한 문제다. 그것은 우리가 성경의 명료성을 신뢰할 수 있는지에 관한 것이며, 성경은 하나님과 그분의 구원 계획에 대해 배우는 곳이고 이는 아주 중요한 문제다.

대럴과 내가 어려운 질문들에 대해 집요하게 토론할 때면, 나는 항상 '머틀 이모'(내 진짜 이모는 아니다) 이야기를 꺼낸다. 머틀 이모는 영어 성경을 읽고, 하나님이 바로 그 성경을 통해 자신에게 말씀하신다고 믿는다. 이모는 그 성경 안에서 예수님을 알게 되었다. 그분의 삶과 그분께 중요한 것을 알 수 있고, 따라서 이모 자신도 중요하게 여겨야만 하는 것들을 알 수 있다. 때로 필요하다면 하나님의 말씀은 위로나 영감을 주는 방식으로 이모에게 주어진다. 하루를 버티기 위해 이모에게 꼭 필요한 것을 기적처럼 주신다. 비록 성경에서 읽는 모든 것을 이해하지는 못하더라도, 정말 중요한 내용에 대해서는 모든 것이 꽤 분명해 보인다. 이모는 복음서를 읽고 하나님이 예수님을 세상에 보내셨음을 알게 되었고, 값없는 구원의 선물을 경험할 수 있었다. 서신서를 읽으며 어떻게 경건한 삶을 살아야 하는지에 대한 가르침을 이해한다. 예레미야서, 아모스서,

하박국서에서는 무슨 일이 일어나고 있는지 잘 모를 수도 있다. 그렇지만 성경의 가장 첫 책, 첫 장은 어떤가? 이모가 교회학교에서 처음 들었던 바로 그 말씀은? 이모에게 그 말씀은 아름다울 뿐 아니라 그만큼 명확하다.

대럴 같은 사람들은 그들이 머틀 이모 같은 이들에게 그 이야기가 사실은 쓰인 그대로를 의미하지 않는다고 말할 때, 그들을 무너뜨리는 일을 하고 있음을 알아야 한다. 그들에게는 그것이 재앙처럼 충격적인 순간으로 다가온다. 자신들이 평범하고 단순한 영어로 읽는 것과 같은 방식으로 그 일이 일어나지 않았다는 생각을 접하는 것은 두려운 일이다. 만약 머틀 이모가 그 이야기를 진지하게 받아들인다면, 사기를 당한 기분일 것이다. 성경을 이해했다고 생각했는데, 이제는 확신이 서지 않는다. 그런 뒤 이렇게 생각하기 시작한다. '내가 또 무엇을 이해하지 못한 걸까? 또 무엇을 잘못 이해한 거지?' 그것은 겁나는 일이다. 특히 자신에게 성경을 잘못 이해했다고 말하는 사람이 그리스도인일 때는 더욱 그렇다.

머틀 이모에게 쉬운 출구는 대럴이 말하는 내용을 거부하는 것이다. 이모는 대럴이 옳을 리 없으며, 따라서 진짜 그리스도인이 아니라고 생각할 것이다! 그토록 많은 젊은 지구 창조론 운동 진영의 사람들이 지금 일어나고 있는 일에 대해 어째서 그토록 강한 감정을 드러내는 것일까? 그들의 입장에서는 대럴이 기독교 신앙의 토대를 흔들고 있기 때문이다. 그들은 머틀 이모와 똑같이 반응하는 것이다. 창세기가 말하는 것을 이해하지 못했다면, 성경의 다른 어떤 명백한 본문 역시 어떻게 이해한다고 확신할 수 있는가? 북미 전체 수천 교회의 수많은 보수 복음주의 그리스도인들이 머틀 이모와 똑같이 믿으며, 따라서 자신들의 믿음을 뒷받침하는 대형 창조론 단체를 후원한다. 물론 대럴 역시 기본적으로 똑같은 일을 하는 단체의 출발을 도왔다(바이오로고스는 자신들이 갈등의 해결책을 제공할 수 있을 거라고 생각하지만 말이다). 이러한 갈등이 우리가 오늘날 서 있는 지점이고, 부분적으로 그 이유는 기독교 진화론자들이 자신들의 논지를 내세우는 데 신중하지 못했고 머틀 이모 같은 수많은 신자들의 신앙을 위험에 빠뜨렸기 때문이다.

머틀 이모는 대럴과 그 무리에게 다른 식으로 반응할 수도 있는데, 아마 이모 스스로는 그렇게 하지 않을 것이다. 하지만 이모의 자녀나 손주는 또 다른 이야기다. 그들은 이렇게 말할지도 모른다. "성경이 그것이 말하는 것을 정말로 의미하지 않는다면, 나는 그동안 속은 거네요. 더 이상 그리스도인이고 싶지 않아요." 그런 일은 그렇게 빠르게 혹은 의도적으로 일어나지 않을 수도 있다. 그러나 어쨌든 성경이 의미하는 바가 그들이 생각했던 것과 다르다고 결론지을 때, 많은 아이들은 부모의 신앙을 쉽게 버리는 것으로 보인다.

나는 대럴 같은 사람들의 신앙을 의심하던 때가 있었다. 학생들에게 진화론자 중에는 자신이 그리스도인이라고 주장하는 사람들도 있다고 말했으며, 이는 신중하게 고른 표현이었다. 나는 대럴이 믿는 것이 그리스도인이 선택할 수 있는 입장 중 하나라는 인상을 절대 주고 싶지 않았고, 그렇다고 그들은 그리스도인이 아니라고 공개적으로 판단하고 싶지도 않았다. 대럴 같은 사람들이 정말로 그리스도인이라면, 죄에 빠진 그리스도인이 분명하다고 생각했다.

오랜 시간에 걸쳐 대럴과 교류를 시도한 이 작은 실험은 나로 하여금 자기 성찰을 하게 했다. 나는 대럴이 머틀 이모를 정말 걱정하고 있다는 것을 알게 되었다. 대럴은 **내가** 하고 있는 일이 교회 안의 머틀 이모들로 하여금 환멸을 느끼도록 조장한다고 생각한다. **내가** 머틀 이모의 성경에 대한 잘못된 이해를 강화하고 있다는 것이다. 그가 이런 표현을 쓰지는 않겠지만, 그리스도인들을 잘못된 방향으로 이끌고 있는 바로 **내가** 이단이라는 것이다. 나는 참되지 않은 무언가를 퍼뜨리고 있다.

이는 명백해 보인다. 그렇지 않은가? 물론, 그는 자신이 옳고 내가 틀리다고 생각한다. 그렇지 않다면 갈등도 없을 것이다. 그러나 문제는 그것을 넘어선다. 대럴과 앉아서 창조론자에 대해 느끼는 그의 고충을 듣고 있노라면, 더욱 중요하게는 그와 함께 기도할 때면, 내면 깊은 곳에서부터 전해지는 뭔가가 있다. 그 역시 **내가 염려하는 바로 그것을** 염려한다는 것이다. 진화에 대한 것만 아니었다면, 나는 그에게서 나 자신을 보았을 것이다.

이런 것은 발견하기 힘들다. 나의 적이 나와 같다는 것. 설상가상 우리가 불일치하는 문제에서 그의 말에는 때로 일리가 있다. 나 역시 동료 창조론자들이 어떤 이론이나 추측을 마치 이미 참이라고 결론이 난 것처럼 밀어붙이는 것을 볼 때 좌절감을 느낀다. 환멸이나 잘못된 신앙은 그리스도와 성경을 믿는 신실한 신앙에 대한 불필요한 위협만큼이나 머틀 이모에게 파괴적일 수 있다. 하나님이 우리 모두를 도우시기를.

대럴을 알아 가는 것은 쉽지 않았다. 여전히 쉽지 않다. 이 대화가 우리를 어디로 데려갈지 모르겠다. 처음부터 창조에 대해 뭔가를 해결하는 것이 목표였다면, 그것과 관련해서 우리는 아무것도 이루지 못했다. 그러나 나는 그에게 진화가 왜 그토록 중요한지, 그리고 그것은 주류 과학 공동체에 들어가고 싶어서가 아님을 이해하게 되었다. 그가 진화를 받아들이는 것은 그것이 사실이라고 믿기 때문이며, 이 부분에 대해서 자신의 신앙과도 화해를 이루었다. 그는 진화와 성경 양쪽이 공존하는 길을 발견했다. 여전히 나는 그가 틀렸고 위험하다고 생각하지만, 여기에는 우리의 옳고 그름보다 더 중요한 것이 있다.

나는 우리가 함께하시는 시간을 통해, 두세 명이 함께 모일 때 예수님도 그곳에 계시겠다고 하신 약속이 성취되는 것을 보았다. 대럴을 알게 되고 심지어 내 안에 그를 좋아하는 마음이 자라난 지금도, 여전히 내 안에는 그와 만나는 모든 초대를 거절하고 싶은 마음이 있으며, 오직 나는 대럴과 내가 함께할 때 예수님이 그곳에 계심을 기억함으로써만 그런 내 마음을 이길 수 있다. 하나님이 일하고 계신다. 여전히 나는 하나님이 우리 두 사람에 대해 어떤 일을 하시고자 하는지 전혀 모르겠지만, 알아 가고 싶다. 그래서 초대를 받으면, 나는 간다. 다음에는 어떤 일이 일어날지 몹시 기대하는 마음으로!

때로 나는 대럴과 내가 함께하는 시간에 정확하게 어떤 일들이 일어나는지 알고 싶어 하는 사람들과 이야기를 나눈다. 어떤 중대 사건이 있었나? 이미 말했듯, 우리는 어떤 것도 해결하지 못했지만 여전히 서로 잘 지내고 있다. 그렇다면 그저 둘러앉아서 "쿰바야"(Kumbaya)를 부르고 있나? 그렇지 않다. 그런 것도 아니다. 이것은 거짓 연합을 위해 차이를 무시하는 어리석은 연습이 아니다. 이것은 다르다.

로마서는 성령이 우리를 위해 말할 수 없는 탄식으로 기도하신다고 말한다. 그것이야말로 지금 일어나는 일을 설명할 수 있는 가장 좋은 방법이다. 때로 성령은 나에게 대럴과 내가 정말로 이해할 수 없었던 것을 보여 주신다. 때로 성령은 내가 특별히 좋아하지 않는 나 자신에 관한 것들을 보여 주신다. 때로 우리는 함께 기도하거나 함께 탄식하거나 함께 기뻐한다. 때로는 그냥 함께 있다. 말이 안 되는 것처럼 들리겠지만, 일단 경험을 해 보면 꼭 말이 될 필요는 없다. 그냥 있으면 된다.

대럴과 함께하는 시간으로부터 어떤 교훈을 배웠는지는 잘 모르겠지만, 정말로 중요하다고 생각하는 뭔가를 발견했다. 그리스도인들이 불일치하면서도 **함께** 하는 일은 거의 드물고, 그것은 불일치 자체만큼이나 교회에 해를 끼친다는 것이다. 우리의 신앙에 심각한 위협이 되는 것처럼 보이는 생각을 접할 때, 우리는 쉽게 몸을 뒤로 뺀다. 특히 우리 개신교도들은 스스로를 95개조 반박문을 다시금 내다 거는 작은 마르틴 루터들이라고 상상한다. 우리는 친구와 가족이라는 익숙하고 편안한 지대로 돌아가, '저 사람들'은 악한 것이 틀림없다고 재확인한다. 그렇게 그리스도의 몸은 나뉜다.

십자가에서 죽으시기 전날 밤, 예수님은 겟세마네 동산에서 나를 위해 기도하셨다. 그분은 사도들의 가르침을 받고 믿게 될 사람들을 위해 기도하셨는데, 그것이 바로 나다(바라기로는 당신 역시). 온 세상의 죄의 무게가 자신의 등 위에 놓이는 그 결정적인 순간, 예수님은 나를 위해 그리고 그분을 믿는 우리 모두를 위해 기도하셨다. 그분은 자신과 아버지가 하나이신 것처럼 우리도 하나가 되도록 기도하셨다.

대럴로부터 물러서고 싶을 때마다, 나의 지나치게 단순화된 고정관념에서 위로를 얻고 싶을 때마다, 나는 예수님이 나를 위해 기도하시던 때를 떠올린다. 그리고 (나도 모르게) 대럴과 만날 때마다 나는 예수님의 기도가 정말 얼마나 중요한지 떠올린다. 예수님은 올바른 가르침과 교리를 위해 기도하실 수 있으셨고, 물론 그것은 중요하다. 예수님은 거짓된 교리가 교회에서 뿌리 뽑히기를 위해 기도하실 수도 있으셨으며, 그 역시 중요하다. 대신, 예수님은 우리가 함께 뭉치기를 기도하셨다. 대럴과 내가 예수님의 이름으로 모일 때, 나는 우리 옆에 계신 예수님과 함께 어려운 질문들을 붙들고 씨름하는 동안 우리의 불일치가 드러내던 긴급성이 아주 약간씩 희미해지는 것을 본다.

나는 그동안 그리스도인의 연합에 아주 형편없었음을 고백할 수밖에 없다. 심지어 어떤 이들은 내가 지금 쓰고 있는 것을 읽으면서 나를 위선자라고 생각할지도 모르겠다. 나의 젊은 지구 창조론자 동료들 중 많은 사람이 나를 분파적으로 묘사하리라고 생각한다. 이 부분을 쓰면서, 그동안 내가 공격했던 이들이 이 말들을 읽을 때 대놓고 나를 비웃는 장면을 상상해 본다. 과거에 나는 나와 의견이 일치하지 않는 이들을 향해 참을성이나 친절함을 보이지 않았다. 여전히 나는 동료 그리스도인이 어떤 터무니없는 말이 진실이라는 확신에 차서 창조-진화의 모든 논쟁을 해결해 준다고 선언하는 것을 읽거나 들을 때마다 매우 힘들어한다.

그리고 미안하다. 나는 대럴과 경험했던 것이, 창조에 관해 나와 의견이 대립하는 동료 신자와 함께할 때마다 경험하는 것이 되기를 바란다. 나는 더 이상 그런 불쾌한 멍청이가 되고 싶지 않다. 그런 바람이 현실적으로 가능한지는 잘 모르겠지만, 파괴적인 갈등이 일어나려면 두 사람이 필요하다는 것만큼은 안다. 내가 그 상대편이 될 필요는 없다. 문화 전쟁의 불을 지피지 않아도 된다. 나는 복음의 좋은 소식을 전파하고 싶다. 인간의 깨어짐 한가운데 예수님은 구원을 가져오신다. 우리가 서로 가장 불일치하는 부분에 대해 이야기를 나눌 때, 나는 그러한 복음을 경험했다. 그것에 깊이 빠져들 수밖에 없었다.

잘하지는 못하지만, 그리스도 안에서의 이러한 연합이 내 삶의 패턴이 되기를 원한다. 여러분도 나와 함께하길 바란다.

### 연구와 묵상을 위한 질문

1. 그들이 처음 만났을 때, 토드는 대럴이 기존 과학계와 어울리기 위해 진화를 받아들였다고 믿었다. 이제 토드는 대럴이 그러한 이유 때문이 아니라 단지 진화가 참이라고 믿는다는 것을 받아들인다. 대럴에 대한 그의 관점이 바뀐 이유가 무엇이라고 생각하는가?

2. 보수적인 교회의 평범한 평신도를 대표하는 '머틀 이모'를 잘못된 길로 이끈 책임은 토드와 대럴 중 누구에게 더 있다고 생각하는가? 이유는 무엇인가?

3. 토드는 진화의 증거를 대부분 받아들이면서도 여전히 창세기의 창조 기사가 문자 그대로 참이라고 확신한다. 그의 입장에 대해 어떤 점을 존경하는가? 그의 입장에 대해 어떤 점을 염려하는가?

4. 과학계의 대부분의 사람들은 창조를 믿는 이들을 바보라고 생각한다. 과학자로서 토드가 성경적 창조론을 뒷받침하는 증거를 찾기 위해 탐구하는 것은 창조론에 정당성을 부여한다고 생각하는가 아니면 그저 시간 낭비라고 생각하는가? 설명해 보라.

5. 토드는 창조론자들과 진화론자들 양쪽 모두가 인정하지 않는 그의 독특한 창조론 접근법에 대해 엄청난 대가를 치렀다. 이것은 창조론자들과 과학 공동체, 특히 기독교 진화론자들에 대해 무엇을 말해 주는가?

12장

# 토드는 바보인가?

대럴 포크

먼저 토드나 나는 둘 다 '바보'나 '이단' 같은 단어를 사용하는 것이 특별히 편하지는 않다는 점을 밝히는 것이 좋겠다. 토드에 대해 말할 때, 나는 '지적으로 뛰어나다' '성자 같다'라는 표현을 사용하고 싶은 마음이 훨씬 크다. 바보나 이단은 우리가 사용하는 단어가 아님을 독자들이 이해해 주기를 바라지만, 우리가 아는 다른 사람들이 상대편 공동체의 일원을 묘사하면서 이러한 용어들을 사용해 온 것은 불행히도 사실이다. 기독교 공동체 안에서 이런 태도는 용납될 수 없다. 때로 서로 다른 방향으로 가고 있는 것처럼 보일지라도, 우리 모두는 동일한 주를 따르는 여정을 걷고 있다.

나는 과학과 수학을 전공한 젊은 지구 창조론자들을 많이 만나 보았다. 그들은 우둔함과는 정반대다. 그들을 그러한 입장으로 이끈 것은 하나님의 일을 향한 그들의 사랑이다. 그들은 모든 실재의 근원이신 하나님이 창조가 어떤 방식으로 일어났는지 같은 중요한 문제를 불분명하거나 완전히 잘못된 길로 이끌 수 있는 방식으로 소통하지 않으실 것이라고 믿는다. 그들은 또한 이 문제에 대한 비유적 언어를 허용하면, 예수님이 행하신 기적과 그분의 육체적 부활을 포함한 성경의 다른 구절들 역시 재해석하는 수문을 열게 할 위험이 있다고 믿는다. 이러한 염려에는 타당한 이유가 있다. 20세기 초 자유주의 신학은 정말로 이런 내리막길을 향해 갔고, 진화를 수용한 것이 그러한 내리막길이 시작되는 데 적어도 일부분 기여했다.

더 나아가 대학원에서 진화생화학을 전공한 토드와 달리 젊은 지구 창조를 지지하는 사람들 대부분은 진화의 증거를 이해하는 데 상당히 취약하다는 인상을 준다. 그들은 자신들의 전문성을 신뢰하지만, 대부분은 진화생물학 박사 수준으로 훈련받은 진짜 전문가가 아니다. 그러나 그들이 전문가든 아니든, 나는 내가 누린 인생의 큰 특권 중 하나가 젊은 지구 창조론 관점을 지닌 다수의 전문직 종사자들을 만나 이야기를 나누는 것이었음을 강조하고 싶다. 실제로 그들은 모두 신실했다. 나는 그들과 함께 있을 때 예수님과 함께 있음을 거듭 느꼈다. 그들은 다른 하위 분과로부터 진화생물학으로 왔음에도 불구하고, 이 학문의 진실성에서 중요한 흠을 발견했다고 진심으로 생각했다. 되돌아보건대, 나는 진화를 반대하는 전문가 중 지적 능력이 떨어진다고 간주할 만한 사람은 전혀 만나지 못했다. 실제로 모든 경우에 그들을 추동하는 것은 하나님을 향한 사랑과 하나님의 말씀인 성경을 존중하는 마음이다. 그들은 결코 바보가 아니다.

토드에 대해서 이미 충분히 말했더라도 한 번 더 말하고 싶다. 토드는 내가 만나 본 사람들 가운데서 가장 똑똑한 이들 중 한 명이다. 그의 특별한 명성으로부터도 익히 알고 있었고, 서로를 알아가게 되면서 직접 경험한 것이기도 하다. 서로의 차이에도 불구하고 우리는 과학자 파트너로서 동일한 언어를 사용한다. 특히 초기에 나는 그가 쌀 게놈의 염기 서열을 분석하는 대규모 프로젝트의 선구적인 팀에 있었다는 사실을 알고 깜짝 놀랐다. 그것은 유전학자로서의 내 경험에 대해 말할 수 있는 것 이상으로 대단한 경력이다.

시대를 막론하고 내가 가장 좋아하는 책 중 하나는 표도르 도스토옙스키(Fyodor Dostoyevsky)의 『백치』(*The Idiot*)다. 소설의 주인공 백치는 그리스도를 표상하는 인물이다. 간질 발작 때문에 러시아 사회에 들어갈 수 없었던 그는 보호 시설로 보내지지만, 잠시 사회로 나와 지내게 되면서 150년 전 러시아에서 파란만장한 삶을 살게 된다. 그는 정말로 매우 아름다운 사람이며, 이야기가 전개될수록 다양한 주인공에게 매우 강력한 영향을 미치는 모든 다양한 딜레마에 깊이 공감한다. 그러나 악의 힘과 그것이 사람들에게 행하는 일은 그에게 깊은 슬픔을 준다. 그는 그 모든 일에 휘말려 들고, 자신을 그들의 슬픔에 내어 주고 그들의 짐을 대신 져 주고 싶어 한다. 그는 지극히 선하며, 다른 세상에 속한 것 같은 놀라울 정도로 성숙한 지혜를 지녔음에도 불구하고, 그들이 지고 있는 문제는 그에게 결코 사소해 보이지 않는다. 그는 발작 증세 때문에 백치라 불리고, 결국 러시아 사회의 사회 세계는 그가 감당하기에 벅찼다. 심하게 발작을 일으킨 그는 다시금 쫓겨난다.

그가 가진 (아마도 그가 정신적으로 경험하는 '다른 세상'에서 비롯된) 지혜는 그로 하여금 다른 이들의 고통을 느끼게 하고 그들의 약점에도 불구하고 그들을 사랑하며 그들이 직면하는 딜레마에서 그들과 지속적으로 동일시할 수 있게 해 준다. 도스토옙스키의 이야기에서는 바보와 가장 거리가 먼 것 같은 사람들, 모든 일을 잘 정리했다고 생각하는 사람들이 진짜 바보들이다. 그들은 자신이 실은 얼마나 무지한지 깨닫지 못하는 것처럼 보인다. 진정한 지혜에 도달할 수 있는 사람은 왕자(이 이야기에서는 '백치')다.

고린도전서 1:20-24에서 바울은 이렇게 말한다. "현자가 어디에 있습니까? 학자가 어디에 있습니까? 이 세상의 변론가가 어디에 있습니까? 하나님께서는 이 세상의 지혜를 어리석게 하신 것이 아닙니까?…유대 사람은 기적을 요구하고, 그리스 사람은 지혜를 찾으나, 우리는 십자가에 달리신 그리스도를 전합니다. 그리스도가 십자가에 달리셨다는 것은 유대 사람에게는 거리낌이고, 이방 사람에게는 어리석은 일입니다. 그러나 부르심을 받은 사람에게는, 유대 사람에게나 그리스 사람에게나, 이 그리스도는 하나님의 능력이요, 하나님의 지혜입니다."

학계에서 많은 사람들은 정말로 실제적인 의미에서 토드와 나 둘 다를 모두 바보(아마도 백치)로 여긴다. 지난 수년간 나는 신경과학, 진화생물학, 유전공학 등에 관한 수많은 생물학 책을 읽었다. 인간의 기원을 논하는 책은 하나같이 인류가 거대한 우주적 사건의 결과로 지구상에 존재하게 되었다는 분명한 근본 전제를 깔고 있다. 그들은 물질적인 것 이상의 어떤 것, 우리가 보고 만질 수 있는 것 이상의 뭔가가 존재한다는 시각은 구시대적이며, 일단 진화론이 우세해진 뒤에는 먼 과거로부터 온 잔재라고 선언한다. 토드와 나는 둘 다 골로새 교회에 편지를 쓴 바울처럼 생각한다. "만물이 그분[그리스도] 안에서 창조되었습니다. 하늘에 있는 것들과 땅에 있는 것들…모든 것이 그분으로 말미암아 창조되었고, 그분을 위하여 창조되었습니다"(1:16). 우리는 둘 다 "그분은 만물보다 먼저 계시고, 만물은 그분 안에서 존속"한다는 것을 믿는다(1:17). 우리는 둘 다 성령께서 우리 삶을 인도하시고, 우리에게 그분의 사랑과 용서에 근거하여 살아갈 수 있는 힘과 지혜를 주신다고 믿는다. 우리는 기도의 능력을 믿고, 하나님이 정확하게 동시에 드려지는 수백만 명의 기도를 들으시는 것을 믿으며, 우리 안에서 또한 우리를 통해 살기로 선택하신 성령 안에서 우리가 살고 존재하는 것을 믿는다. 이 모든 것은 어리석은 일이며, 심지어 학계의 대다수 사람들에게는 백치 같은 일이다. 그러나 우리는 함께 서서 다음과 같이 동일하게 고백한다. "확신합니다. 죽음도, 삶도, 천사들도, 권세자들도, 현재 일도, 장래 일도, 능력도, 높음도, 깊음도, 그 밖에 어떤 피조물도, 우리를 우리 주 예수 그리스도 안에 있는 하나님의 사랑에서 끊을 수 없습니다"(롬 8:38-39).

그렇다고 하나님의 창조 메커니즘이 별로 중요하지 않은 세부사항이라고 생각한다는 의미는 아니다. 우리는 각자 우리의 서로 반대되는 관점이 맞다고 생각한다. 우리 중 하나는 틀렸고, 나는 그것이 토드라고 확신하는 것처럼 토드는 그것이 나라고 확신한다.

궁극적으로 진리의 승리는 우리 각자에게 정말로 중요하며, 이런 면에서 우리는 살아 있는 한 우리가 보는 대로의 진리가 공고히 세워질 때까지 애쓸 것이다. 따라서 우리 중 한 명은 이 문제에 대해 틀렸지만, 훨씬 더 중요한 문제에 대해서는 우리 둘 다 옳다. 우리 두 사람 모두 서 있는 곳은 바로 그 옳음, 사실은 의다. 우리는 우리가 행한 어떤 것을 통해서가 아니라 너무도 큰 사랑을 받은 하나님 가족의 일원으로서 함께 서 있다. 결국 우리 두 사람 모두 하나님의 은혜로 구속되고 의롭게 된 죄인 아닌가. 우리는 동일한 주님의 형제이며(히 2:11-12), 바로 그것이 모든 것을 변화시킨다.

### 연구와 묵상을 위한 질문

1. 대럴은 토드나 자신 둘 다 '바보'와 '이단'처럼 상대를 비하하는 용어를 불편하게 여긴다고 정확하게 밝히지만, 불일치에는 종종 이런 종류의 수사가 따라다닌다는 사실에는 동의한다. 이 책이 다루는 주제나 그 외의 논쟁적인 주제(성, 낙태 반대 혹은 찬성, 이민자 등)와 관련해, 그러한 수사를 누그러뜨리기 위해 우리는 무엇을 할 수 있는가?

2. 논쟁적인 문제로 인해 다른 그리스도인과 껄끄러운 관계를 경험한 적이 있는가, 아니면 그런 일이 일어나는 것을 알고 있는가? 그리스도인 사이에 의견이 대립할 때 서로에 대해 적대적이 되거나 멸시하는 태도를 갖지 않기란 왜 그토록 힘들다고 생각하는가?

3. 일부 그리스도인들은 진화론을 받아들이는 대럴을 왜 이단으로 여긴다고 생각하는가? 그것이 그를 제대로 특징짓는 말이라고 생각하는가?

4. 대럴은 '동일한 주님의 형제'라는 사실이 자신과 토드가 심각한 문제에 대해 극렬하게 의견이 대립하면서도 여전히 친구로 남아 서로를 존중하고 친절하게 대할 수 있도록 도왔다고 말한다. 의견이 서로 대립하는 그리스도인들에게 어떤 식으로 그들이 동일한 주님의 형제자매임을 일깨울 수 있을까?

5. 많은 그리스도인들은 그들을 나뉘게 하는 일에 관해 말하는 것을 피한다. 이것이 그리스도인들의 연합에 어떤 영향을 끼친다고 생각하는가?

6. 대럴과 토드는 기원의 주제에 대해 여전히 의견이 엇갈린다. 그들은 연합을 이루었는가 아니면 여전히 의견이 나뉘는가? 설명해 보라.

## 나가는 말
# 우리는 무엇을 성취했는가?

랍 배럿, 골로새 포럼

들어가는 말에서 나는 우리 문화의 특징이 우리 가운데 존재하는 분열의 간극을 메우지 못하는 것이라고 말했다. 우리는 어떤 사안들에 대해서뿐만 아니라 세상을 바라보는 방식에서도 의견이 갈린다. 서로의 관점이 너무 다른 나머지 그저 의아해하며 머리를 긁적이게 되는 사람들을 일상적으로 접한다. 우리는 속으로 묻는다. '도대체 어떻게 그런 식으로 생각할 수 있지?' 토드와 대럴은 이 문제로 뛰어들기로 결심했다. 논쟁에서 이기려 하거나(양쪽 모두 그러고 싶기는 하겠지만), 상대방이 자신의 관점을 포기하고 입장을 바꾸도록 설득하려 하지 않았다(그러한 희망은 언제나 존재하지만). 이러한 것들은 부차적 목표로 남는다. 가장 중요한 목표는 그들이 매우 다양한 그리스도의 몸 안에 있는 각기 다른 두 지체로서 서로에게 속해 있음을 알고, 서로 사랑하는 것이었다.

앞에서 나는 이 프로젝트에 참여해 달라는 우리의 초청을 거절했던 어떤 이의 말을 언급했다. 그는 여기서 어떤 긍정적인 것도 나올 수 없을 것이라고 했다. 지난 몇 년간 많은 시간을 긍정적인 무언가를 이루어 보기 위해 애써 온 우리는 이제 무슨 말을 할 수 있을까? 우리는 시작하면서 진리와 사랑 안에서 성장하기를 바란다고 말했다. 우리는 여정을 함께해 오면서 잘하고 있는지 주기적으로 스스로 묻곤 했다. 기도하면서 하나님 앞에서 그 질문을 되새겨 보았다. 우리는 무엇을 성취했는가? 아직도 해야 할 일은 무엇인가?

때로 사랑과 관련해서는 성장했지만, 진리의 측면에서는 조금도 더 가까이 가지 못했다는 암시를 받기도 했다. 전자에 대해서만큼은 의심의 여지가 없다. 바울이 고린도 교인들에게 보낸 편지의 위대한 사랑에 관한 장은 이렇게 말한다. "사랑은 오래 참고, 친절합니다. 사랑은 시기하지 않으며, 뽐내지 않으며, 교만하지 않습니다. 사랑은 무례하지 않으며, 자기의 이익을 구하지 않으며, 성을 내지 않으며, 원한을 품지 않습니다. 사랑은 불의를 기뻐하지 않으며, 진리와 함께 기뻐합니다. 사랑은 모든 것을 덮어 주며, 모든 것을 믿으며, 모든 것을 바라며, 모든 것을 견딥니다. 사랑은 없어지지 않습니다"(고전 13:4-8). 우리 모두가 도중에 이러한 것과 정반대였던 순간들을 지적할 수 있겠지만, 우리가 함께해 온 시간 그리고 우리의 관계를 규정하는 것은 사랑의 이러한 특징들이었다. 그것은 단지 친절하게 대하는 것 이상이다. 의견이 엇갈린다는 사실을 인정하는 것 이상이다. 이 책에서 우리가 진실하게 말했다면, 아마 독자들 역시 우리가 보았던 종류의 사랑을 약간은 엿보았을 것이다.

토드는 머틀 이모를 염려하는 것에 대해 썼다. 그녀는 과학자도, 성경 교사도, 신학자도 아니다. 대럴 역시 토드만큼이나 머틀 이모의 신앙에 더 이상 해를 입히는 것을 원치 않는다. 그와 반대로 두 사람 다 그녀에게 기쁨을 주고 싶어 한다. 문제는 이 두 사람이 머틀 이모에게 줄 수 있는, 신앙을 세워 주는 최고의 선물은 무엇이냐 하는 것이다. 만약 이모에게 가장 유익한 것이 창세기를 어떻게 읽어야 하는지를 가르쳐 주는 쉽고도 간단한 대답이 아니라, 복음의 진리를 드러내는 그리스도인들 사이의 정직하고 사랑에 근거한 고투를 지켜보는 것이라면? 머틀 이모를 가장 격려하는 것은 매일 그녀를 둘러싸고 일어나는 추악한 싸움을 넘어서는 구체화된 사랑을 보는 것일 수 있다.

언젠가 모임을 시작하던 시간을 기억한다. 모임을 여는 저녁 식사 동안, 토드는 자신이 직면한 긴 목록의 어려운 문제들을 쏟아놓았다. 그는 외톨이이며 오해받고 있다고 느꼈다. 그는 여러 편으로부터 공격받고 있었다. 식당에서 호텔로 걸어오면서, 대럴은 으레 토드 옆에 섰다. 대럴이 뭐라고 말했는지 기억나지는 않지만, 토드는 고개를 저으며 물었다. "창조론자 친구들은 뭐라고 할까요? 저는 바이오로고스 전임 대표인 대럴 포크와 함께하기 위해 여기까지 날아왔는데, 그가 저를 격려해 줄 수 있었습니다." 아마도 이 세상에 있는 머틀 이모들은, 우리가 싸우는 것처럼 보이는 모든 전투 한가운데서 바로 이런 일들이 일어나는 것을 볼 수 있어야 할 것이다.

그러나 진리는 어떻게 해야 할까? 어떠한 진전이 있는가? 토드와 대럴이 지구의 나이에 대해 동의하는 것만큼은 첫 모임 때보다 조금도 나아지지 않았음을 인정해야 할 것이다. 토드의 수천 년과 대럴의 수십억 년 사이에는 여전히 엄청난 간극이 존재한다. 만약 진리 안에서 자라가는 것에 대한 우리의 비전이 그런 일에만 국한된다면, 맞는 말이다, 우리는 그다지 많은 것을 성취하지 못했다. 그러나 진리에는 그 이상의 것이 있다.

긴장감 넘쳤던 숙소에서의 첫 모임에서 우리는 골로새 포럼 사역을 후원하는 몇 십 명을 초대해서 대럴과 토드 그리고 다른 참석자들이 서로 함께하는 시간 동안 있었던 일들을 나누고 함께 듣는 것도 계획에 포함되어 있었다. 우리는 결과가 나오기 전에 초청장을 발송했다. 정직하기로 다짐했었기에, 성공과 실패를 진실하게 나누는 데 동의했다. 현실 미화는 없다. 우선, 기원이라는 거대한 문제에 대한 합의에 도달하는 것과 관련해 블록버스터급의 계시는 없었다. 그럼에도 불구하고 진리에서의 진전이 나타났다. 대럴은 토드가 정통한 과학자임을 인정했다. 그는 토드의 연구가 타당하며 심지어 가치 있다고 생각한다고 말하는 데까지 나아갔다. 토드가 어리석고 무지하다는 거짓이 진리에 의해 밀려난 것이다.

토드는 그 사람들 앞에 서서, 이제 대럴이 진짜 그리스도인임을 안다고 말했다. 그런 뒤 그는 더 나아갔다. 그는 자신이 다른 이들 앞에서 대럴의 신앙을 공개적으로 의심했었으며, 따라서 그들과 대럴에게 자신이 사과해야 함을 인정했다. 그는 그러한 잘못을 바로잡는 일에 책임을 다했다. 비진리의 어둠이 진리의 빛에 의해 좀 더 뒤로 밀려났다.

한 모임에서 토드가 대럴과 그의 친구들에 관해 격앙된 채 뭔가를 말했던 것이 기억난다. 어떤 열렬한 진화론 지지자들은 조용히 이를 갈면서 다음 휴식 시간이 되자마자 단숨에 '창조론자 바보 토드 우드가 본색을 드러내다'라는 메시지를 내던질 것이 분명했다. 그러나 대럴은 좀더 그리스도인다운 성품을 보여 주었다. 그는 잠시 멈추고 마음을 가라앉힌 뒤 조용히 말했다. "자네가 정말로 그런 의미로 말한 것은 아니라고 생각하네. 다시 한번 말해 주겠나?" 이런 식의 반응들은 진리가 빛으로 나아올 수 있는 공간을 만들어 낸다. 진리와 사랑은 함께 간다.

몇 년 동안 토드와 함께 일한 후, 대럴은 이러한 경험이 그의 삶에 가져온 변화에 대해 곰곰이 생각해 보았다. 그는 토드와 교류하는 것이 다른 문제들에서도, 심지어 가족과도 이견을 좁히는 것을 배우는 데 얼마나 도움이 되었는지 말해 주었다. "이것은 기독교가 어떻게 작동해야 하는지에 대한 작은 실험 같은 것이었기 때문에 재미있었어요"라고 그는 말했다. 이 실험이 계속되면서 우리는 진리와 사랑 양쪽 모두에서 뭔가를 얻게 될 것이다.

이러한 진전에도 불구하고, 우리는 중요한 기원 문제에서는 여전히 나뉘어 있음을 인정해야 한다. 그것에 대해 어떻게 말해야 할까? 영원히 의견이 엇갈린 채로 남을 운명인가?

한 모임에서 토드는 교착 상태에 대한 좌절감을 표현했다. 그는 대럴이 그리스도인임을 알게 되었지만, 이렇게 말한다. "그것이 일을 수천 배 더 곤란하게 만듭니다. 내 입장에 대해 확신을 주시는 하나님이 왜 그에게는 확신을 주시지 않는지 궁금합니다. 이 질문에 어떻게 답해야 할지 모르겠고, 그래서 계속 불편합니다." 대럴은 이렇게 대답했다. "자네와 마찬가지로 그것은 나에게도 약간 수수께끼라네. 어째서 하나님은 토드에게 모든 것을 정확하게 이해시켜 주시고, 나에게 드러내 주시는 것 같은 방식으로 자네에게는 진리를 드러내시지 않는 걸까?"

이 문제를 해결하기 위해서는 분명 하나님의 기적이 필요할 것이다. 그러나 많은 기적처럼 우리는 우리의 역할을 하도록 초대받았다. 대부분의 기적은 신실한 사람들이 동시에 수많은 어려운 일을 감당하는 것을 포함한다. 기원에 대한 합의에 도달하는 기적은 어떻게 일어날 수 있겠는가?

이에 대한 나의 답은 지금까지 대럴과 토드가 하나님의 은혜로 성취한 것에 대해 기술하는 것으로 시작한다. 두 사람은 이러한 갈등과 관련하여 우리 모두가 출발하는 지점에서 출발했다. 그들은 상대편이 어떻게 생각하고 있는지 상상조차 할 수 없었다. 그런 사람에게 마침내 말을 걸 때, 우리의 반응은 대부분 두려움, 불신, 방어적 태도가 지배한다. 하나님의 은혜로 이 두 그리스도인에게는 더 나은 본능이 허락되었다. 그것은 사랑, 신뢰, 취약함이다. 대럴과 토드가 그들의 부르심을 살아 냈을 때, 흔치 않은 무언가를 성취했다. 그들은 정직하게 질문하고 정직하게 대답하고자 노력하는 능력을 얻었다. 이것은 작은 일이 아니다. 상대방의 질문을 이해하는 것조차 새로운 언어를 배워야만 가능하다. 정직하게 답하는 것은 때로 자신이 모르는 것이 있음을 인정하는 것을 의미한다.

대럴과 토드가 하고 있는 일은 해외 선교와 비슷하다. 그들은 낯선 땅에서 온 누군가를 만나 친구가 되었다. 이 새로운 친구의 색다른 방식들을 배우기 시작했다. 타지를 여행하는 일처럼, 이것은 매력적인 동시에 불편하다. 현지어를 알아 가면서, 자신의 친구와 그의 사람들이 사는 방식에 대해 이제 좀더 정확하게 말할 수 있게 되었다. 모든 사람이 이런 일을 할 수 있는 것은 아니다. 다른 사람의 눈을 통해 사물을 보는 것은, 자신을 잃게 될까 봐 두려워하지 않고 낯선 세계로 들어갈 수 있게 해 주는 어떤 확신과 평안을 필요로 한다. 토드와 대럴은 바로 그것을 할 수 있음을 보여 주었다. 그러나 이것은 오직 첫걸음일 뿐이다.

다른 문화를 정말로 이해하고 '어떻게 그런 식으로 생각할 수 있지?'라는 장벽을 넘어서려면, 그 세계로 직접 가서 살아 보아야 한다. 거기서 단지 휴가를 보내는 것이 아니다. 이 두 사람이 그 일을 해야 한다면, 아마도 더 큰 도전을 받게 되는 것은 대럴 쪽일 것이다. 그는 (아직) 젊은 지구 창조론의 샘에 깊이 취해 본 적이 없다. 토드는 주류 진화생화학자로서 훈련받았고 일했다. 이 다른 세계로 실제로 들어가기 위해서, 대럴은 성경에서 읽은 것에서 과학 연구 가설을 끌어내는 토드의 습관을 연습해 볼 필요가 있을 것이다. 반대로, 토드는 부활에 대한 약속을 붙들면서 창세기 1-11장을 좀더 시적으로 읽는 것이 어떤 것인지 배울 필요가 있다.

내 입장에서 벗어나 다른 사람의 입장에 서 보는 것은 두려운 일일 수 있다. 만약 나 역시 그들이 그토록 해로운 잘못을 계속해서 받아들이는 이 지점에 익숙해지면 어떻게 해야 하는가? 우리는 악을 수용할 것이 아니라 그것을 피해야 하지 않는가? 맞다. 그것은 위험할 수 있다. 그러나 예수님은 위험할 정도로 틀렸던 사람들에게 다가가지 않으셨던가? 사람들은 예수님에 대해 불평했다. "그가 죄인의 집에 묵으려고 들어갔다"(눅 19:7). 예수님은 이렇게 응답하신다. "인자는 잃은 것을 찾아 구원하러 왔다"(10절). 예수님은 잘못에 빠져 길을 잃은, 그분이 사랑하시는 이들을 도와주시기 위해 우리의 위험하고 죄악된 세상으로 들어오시기를 두려워하지 않으셨다. 설령 그것이 십자가로 가는 것을 의미한다고 해도 말이다. 누가 기꺼이 예수님의 발걸음을 따라 걸으면서 진화에 관한 잘못된 생각으로 길을 잃은 이들과 함께 살기 위해 가겠는가?

분열된 것을 잇기 위해서는 상대편의 관점에서 그들을 이해해야 한다. 그들의 세계가 어떻게 작동하며 또 어떻게 잘 작동하지 않는지 보기 위해, 상대편의 언어를 구사할 수 있어야 한다. 대럴과 토드가 새로운 길을 개척하기 시작했지만, 그들 스스로의 힘으로는 이 이상 나아가기 힘들 것이다. 우선 한 가지 이유는, 그들의 전문 지식은 진화생물학의 서로 다른 하위 전공에 속한다. 심지어 이 논쟁에서는 서로 같은 편인 사람들도 서로를 깊이 이해하기 위해 많은 노력이 필요할 것이다.

이러한 질문들과 관련해 진정한 진전을 이루고자 한다면, 분열의 선을 넘어 반대편에 거하고자 하는 사람들이 많아야 할 것이다. 토드의 연구에 대해 대럴 측 그룹에 있는 누군가가 리뷰를 쓰는 세상을 상상해 보라. 토드에게 최악의 악몽은 누군가가 그를 사이비 과학자라고 부르는 것이 아니다. 그에게 가장 큰 두려움은, 창조론의 과학적 토대를 추구하는 자신의 끈질긴 노력이 결국 자신이 훌륭한 과학 연구를 포기하고 정말로 사이비 과학자가 되는 것으로 귀결되는 것이다.

대럴과 그의 동료들은 토드가 적합한 질문을 던지고 견고한 연구를 수행하고 타당한 결론을 도출할 수 있도록 도울 수 있다. 대럴은 토드가 바보가 되지 않도록 보호하는 일을 도울 수 있다. 마찬가지로, 대럴은 성경이 현실에 근거하지 않은 그저 기분 좋은 이야기들을 모아놓은 책이라고 생각하게 되는 시험에 걸려 넘어지는 것을 원치 않는다. 토드와 그의 친구들은 대럴이 이단이 되지 않도록 도울 수 있을까? 토드는 우리에게 하나님은 언제나 자신의 백성들에게 세상이 미쳤다고 생각하는 것들을 믿도록 요구하셨음을 반복해서 일깨워 준다. 대럴이 계속해서 하나님에 대한 이해를 그가 과학에서 배우는 것과 연결시킬 때, 그에게는 이것을 기억할 수 있도록 도와주는 것이 필요할지 모른다.

대럴과 토드가 함께한 여정은 이야기의 끝이 아니라 시작이다. 골로새 포럼의 비전은 그리스도인들이 가장 극심한 차이들을 희생적 사랑으로 가득 찬 아름다운 방식으로 포용하는 것이다. 우리는 이것이 진리에 이르는 가장 좋은 길이라고 본다. 또한 너무 많은 소망을 잃어버린 세상에게 선물을 줄 수 있는 길이라고 본다. 만약 그리스도인들이 화해의 직분을 맡았다면(고전 5:18), 양극화된 갈등의 오늘날보다 역사상 더 시의적절한 때는 없을 것이다. 십자가와 부활의 길은 우리의 불일치를, 나의 이 두 친구가 경험한 것처럼 성령의 돌파구로 가득 찬 아름답고 진실한 것으로 변화시킬 수 있는 가능성을 제공한다.

기원 문제 관련 지도자 중 다른 한 사람도 이 프로젝트에 참여해 달라는 초대를 거절했다. 앞서 말한 다른 인물처럼, 그 역시 상대편 사람들과 관계를 맺기 위해 많은 시간을 쓰다가 포기했다. 그는 나에게 이렇게 썼다. "앞으로 나아가는 가장 유익한 길은 '손실을 줄이는 것'이라고 생각합니다.…헛수고일 뿐이에요. 표현이나 열기의 수위를 약간 낮출 수는 있겠지만, 그 이상 시간을 잘 사용할 가능성은 보이지 않습니다. 다른 말로 하면, 창조론자와 진화론자는 '동역할' 수 없어요. 함께 있고, 함께 예배를 드리고, 서로를 더 잘 이해하는 등의 일은 할 수 있겠지만, 근본적인 이념 때문에 진정한 동역은 불가능합니다."

대럴과 토드에게서 본 바로는 나는 이보다 훨씬 낙관적이다. 동시에 이러한 좌절감에도 공감할 수 있다. 나도 손실을 줄이고 포기하고 싶은 때가 있었다. 그러나 세상은 그리스도의 몸이 우리를 분열시키고자 하는 수많은 모든 갈등을 뛰어넘어 동역하는 것을 몹시 보고 싶어 한다고 나는 생각한다. 바울은 그런 일이 어떻게 보일지 다음과 같이 아름답게 묘사한다.

> [그리스도가] 어떤 사람은 사도로, 어떤 사람은 예언자로, 어떤 사람은 복음 전도자로, 또 어떤 사람은 목사와 교사로 삼으셨습니다. 그것은 성도들을 준비시켜서, 봉사의 일을 하게 하고, 그리스도의 몸을 세우게 하려고 하는 것입니다. 그리하여 우리 모두가 하나님의 아들을 믿는 일과 아는 일에 하나가 되고, 온전한 사람이 되어서, 그리스도의 충만하심의 경지에까지 다다르게 됩니다.
>
> 우리는 이 이상 더 어린아이로 있어서는 안 됩니다. 우리는 인간의 속임수나, 간교한 술수에 빠져서, 온갖 교훈의 풍조에 흔들리거나, 이리저리 밀려다니지 말아야 합니다. 우리는 사랑으로 진리

를 말하고 살면서, 모든 면에서 자라나서, 머리가 되시는 그리스도에게까지 다다라야 합니다. 온 몸은 머리이신 그리스도께 속해 있으며, 몸에 갖추어져 있는 각 마디를 통하여 연결되고 결합됩니다. 각 지체가 그 맡은 분량대로 활동함을 따라 몸이 자라나며 사랑 안에서 몸이 건설됩니다. (엡 4:11-16)

**골로새서 1:17의 과제**

1. 당신이 알고 관심을 갖는 이들 중 중요한 주제에 관해 당신과 다른 견해를 가진 사람이 있는가?(예를 들면, 진화, 총기 소지, 동성 연애/결혼, 인종, 이민법 등) 친구와 가족에 대해 생각해 보라.

2. 공격하지 않고 기꺼이 상대편을 이해하려는 마음이 있는가? 그들의 눈을 통해 사물을 바라볼 용기가 있는가? 그렇다면 당신을 위한 몇 가지 질문이 있다.

    1) 이 주제에 대해 현재의 견해를 갖게 되기까지 당신이 배우고 경험한 것은 무엇인가?

    2) 당신에게는 이 논쟁에 무엇이 걸려 있는가? 사람들이 이 문제에 대해 잘못된 견해를 갖게 될 때, 어떤 일이 일어날 것을 염려하는가?

    3) 이 주제에 대한 당신의 견해에서 염려하는 점은 무엇인가?

    4) 믿음과 성경에 대한 이해는 당신의 견해에 어떤 영향을 끼치는가?

5) 이 주제에 대해 학교에서는 어떻게 가르쳐야 한다고 생각하는가?

6) 당신의 교회가 이 주제를 어떤 식으로 다루기를 원하는가?

# 주

## 서문

1 G. K. Chesterton, *What's Wrong with the World* (1910; Mineola, NY: Dover Publications, 2007), p. 29.

## 들어가는 말

1 Jonathan P. Hill, "National Study of Religion and Human Origins"(2014), p. 8. http://biologos.org/uploads/projects/nsrho-report.pdf.

2 Pew Research Center, "Public's Views on Human Evolution"(December 30, 2013), p. 2. http://assets.pewresearch.org/wp-content/uploads/sites/11/2013/12/Evolution-12-30.pdf.

3 Pew Research Center, "scientific Achievement Less Prominent Than a Decade Ago: Public Praises Science; Scientists Fault Public, Media" (July 9, 2009), p. 37. http://assets.pewresearch.org/wp-content/uploads/sites/5/legacy-pdf/528.pdf.

4 Karl W. Giberson, "2013 was a Terrible Year for Evolution," *Daily Beast*, January 2, 2014. http://www.thedailybeast.com/2013-was-a-terrible-year-for-evolution.

5 National Academy of Science, *Science and Creationism: A View from the National Academy of Science*, 2nd ed. (Washington: National Academies Press, 1999), p. 25. http://www.nap.edu/read/6024/chapter/6.

6 이 책에서 '진화적 창조론자'라는 용어는 하나님이 진화의 과정을 통해 지구상의 생명을 창조하셨다고 믿는 사람을 지칭한다.

7 Edward J. Larson, Larry Witham, "Leading Scientists Still Reject God," *Nature* 394, no. 6691 (July 23, 1998): p. 313. http://www.nature.com/articles/28481pdf?origin=ppub.

8 John MacArthur, Phil Johnson과의 라디오 인터뷰, "Evangelicals, Evolution, and the BioLogos Disaster," *Grace to You*, 날짜 없음. http://www.gty.org/library/sermons-library/GTY136/evangelicals-evolution-and-the-biologs-disaster.

9 Pew Research Center, "Public's View on Human Evolution," p. 2.

10 MacArthur, "Evangelicals, Evolution, and the BioLogos Disaster."

11 Ken Ham, "Christian Academics Telling God What He Got Wrong!" *Answers in Genesis*, January 25, 2014. http://answersingenesis.org/blogs/ken-ham/2014/01/25/christian-academics-telling-god-what-he-got-wrong.

**1장 대럴은 왜 틀렸고, 그것이 왜 중요한가**

1 나는 '젊은 지구 창조론자'보다 '젊은 나이 창조론자'라는 호칭을 더 선호하는데, 지구 이외 더 많은 것들의 나이가 젊다고 믿기 때문이다. 이 호칭은 (지구와 그 안의 모든 생명을 포함하는) 전체 창조 세계가 수천 년의 나이밖에 되지 않았다는 믿음을 지시한다.

**2장 토드는 왜 틀렸고, 그것이 왜 중요한가**

1 Russell Stannard, *Science and Wonders: Conversations about Science and Belief* (London: Faber and Faber, 1996), p. 13. 허락받고 인용함.

### 3장 아름다운 세상, 아름다운 구세주

1 거의 폐기된 수증기층 이론에 대해 호기심을 누를 수 없는 사람은 다음 자료를 참고할 수 있다. Joseph C. Dillow, *The Water Above: Earth's Pre-Flood Vapor Canopy* (Chicago: Moody, 1982). 이는 동일 저자의 이전 논문인 "Earth's Pre-Flood Vapor Canopy" (ThD 학위 논문, Dallas Theological Seminary, 1978)를 약간 고친 것이다.

2 PAM 매트릭스에 대해 더 보려면, M. O. Dayhoff, R. M. Schwartz, B. C. Orcutt, "A Model of Evolutionary Change in Proteins," *Atlas of Protein Sequence and Structure*, vol. 5 부록 3, M. O. Dayhoff 엮음 (Washington; National Biomedical Research Foundation, 1978), pp. 345-352.

### 9장 압도적 증거

1 Neil Shubin, *Your Inner Fish: A Journey into the 3.5-Billion-Year History of the Human Body* (New York: Pantheon, 2008).

2 인간의 기원에 관한 우리의 지식 현황을 가장 명확하게 요약해 주는 두 저술로는, Ian Tattersall, *Masters of the Planet: The Search for Our Human Origins* (New York: St. Martin's Press, 2012), Daniel Liebermann, *The Story of the Human Body: Evolution, Health, and Disease* (New York: Pantheon, 2013)를 보라.

3 Darrel R. Falk, *Coming to Peace with Science: Bridging the Worlds between Faith and Science* (Downers Grove, IL: InterVarsity, 2004), p. 21.

4 유전학이 진화의 증거를 제공하는 것에 대한 더 완전한 논의는, Graeme Finlay, *Human Evolution: Genes, Genealogies, and Phylogenies* (Cambridge: Cambridge Univ. Press, 2013)를 보라. 좀더 일반적인 논의는, Francis Collins, *The Language of God: A Scientist Presents Evidence for Belief* (New York: Free Press, 2006)를 보라.

5 레이철은 본명이 아니며, 내가 가르친 학생들이 알 수도 있는 개인 비밀 정보를

노출하지 않기 위해 이야기 역시 약간 합성했다.

6 Alister E. McGrath, *The Foundations of Dialogue in Science and Religion* (Oxford: Blackwell, 1998), p. 124에서 인용.

## 10장 고래는?

1 전문적으로 그 화석들을 그 자체로 단선적 순서로 배열하지는 않으며, '아르카에오세티'(Archaeoceti, 뒷다리를 가진 고래 화석)를 현대 고래('최상위 분류군')의 진화를 설명하는 진화 계보의 바닥 부분에 있는 '줄기 분류군'으로 인식할 것이다. 고래의 진화에 대해 더 자세한 것은, J. G. M. "Hans" Thewissen, *The Walking Whales: From Land to Water in Eight Million Years* (Los Angeles, Univ. of California Press, 2014)를 보라.

2 이러한 군집 방법론과 그것이 창조 연구에 어떻게 사용되는지에 대해 더 자세한 것은, Todd Charles Wood, "Visualizing Baraminic Distances Using Classical Multidimensional Scaling," *Origins* 57 (2005): pp. 9-29; T. C. Wood, "Baraminology, The Image of God, and Australopithecus sediba," *Journal of Creation Theology and Science Series B: Life Sciences* 1 (2011): pp. 6-14를 보라.

3 나의 고래 연구는 대부분 진행 중이지만, 이러한 결과들은 S. R. Mace and T. C. Wood, "Statistical Evidence for Five Whale Holobaramins (Mammalia: Cetacea)," *Occasional Papers of the BSG* 5 (2005): p. 15에 나와 있다.

4 David P. Cavanaugh, Todd C. Wood, and Kurt P. Wise, "Fossil Equidae: A Monobaraminic, Stratomorphic Series," in *Proceedings of the Fifth International Conference on Creationism*, ed. R. L. Ivey (Pittsburgh: Creation Science Fellowship, 2003), pp. 143-153.

5 호미닌에 관한 나의 가장 최근의 연구 결과는 T. C. Wood, "An Evaluation of Homo naledi and 'Early Homo' from a Young-Age Creationist Perspective," *Journal of Creation Theology and Science Series B: Life Science* 6 (2016): pp. 14-30.

6 예를 들면, Todd Charles Wood, "Animal and Plant Baramins," *CORE issues in Creation* 3 (2008): pp. 1-258. 또한 Todd Charles Wood, "Natura Facit Saltum: The Case for Discontinuity," *CORE issues in Creation* 5 (2009): pp. 113-127를 보라.

7 John H. Whitmore, Guy Forsythe, and Paul A. Garner, "Intraformational Parabolic Recumbent Folds in the Coconino Sandstone (Permian) and Two Other Formations in Sedona, Arizona (USA)," *Answers Research Journal 8* (2015): pp. 21-40; John Whitmore, Raymond Strom, Stephen Cheung, and Paul A. Garner, "The Petrology of the Coconino Sandstone (Permian), Arizona, USA," *Answers Research Journal* 7 (2014): pp. 499-532.

8 예를 들면, Stephen P. Cheung, Raymond Strom, John H. Witmore, and Paul A. Garner, "Occurrence of Dolomite Beds, Clasts, Ooids and Unidentified Microfossils in the Coconino Sandstone, Northern Arizona," *Geological Society of America Abstracts with Programs* 41 (2009): p. 119; Paul A. Garner and John H. Whitmore, "What Do We Know about Marine Sand Waves? A Review of Their Occurrence, Morphology and Structure," *Geological Society of America Abstracts with Programs* 43 (2011): p. 596; John H. Whitmore, Guy Forsythe, Raymond Strom, and Paul A. Garner, "Unusual Bedding Styles for the Coconino Sandstone (Permian), Arizona," *Geological Society of America Abstracts with Programs* 43 (2011): p. 433.

**막간 5: 불일치를 넘어**

1 Augustine, *On Christian Doctrine*, book 1, chapter 36.

2 같은 책.

옮긴이 백지윤은 이화여대 의류직물학과를 졸업하고, 서울대 미술대학원에서 미술이론을, 캐나다 리젠트 칼리지에서 기독교 문화학을 공부했다. 현재 캐나다 밴쿠버에서 살면서 다차원적이고 통합적인 하나님 나라 이해, 종말론적 긴장, 창조와 새창조, 인간의 의미 그리고 이 모든 주제에 대해 문화와 예술이 갖는 관계 등에 관심을 가지고 번역 일을 하고 있다. 옮긴 책으로는 『이것이 복음이다』 『오늘이라는 예배』 『세상에 생명을 주는 신학』 『기독교와 새로운 자본주의 정신』 『밤에 드리는 기도』(이상 IVP) 등이 있다.


바보와 이단

초판 발행_ 2022년 9월 5일

지은이_ 토드 우드·대럴 포크
옮긴이_ 백지윤
펴낸이_ 정모세

펴낸곳_ 한국기독학생회출판부
등록번호_ 제2001-000198호(1978.6.1)
주소_ 04031 서울시 마포구 동교로 156-10
대표 전화_ (02)337-2257 팩스_ (02)337-2258
영업 전화_ (02)338-2282 팩스_ 080-915-1515
홈페이지_ http://www.ivp.co.kr 이메일_ ivp@ivp.co.kr
ISBN 978-89-328-1948-8